KB235307

아인슈타인처럼 생각하고 셜록 홈즈처럼 기억하라

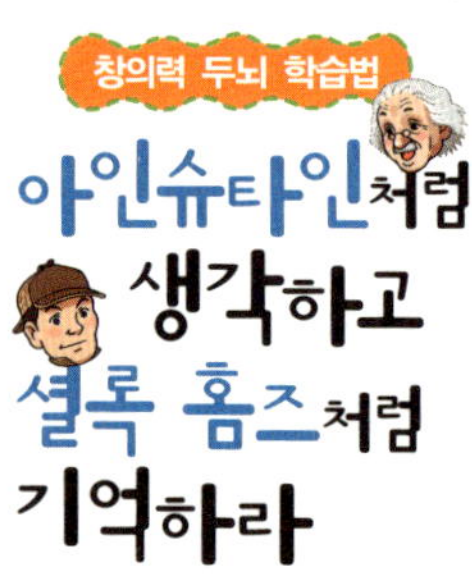

초판 1쇄 인쇄 | 2012년 7월 20일
초판 1쇄 발행 | 2012년 7월 25일

지은이 | 조현진
그린이 | 마나시타(MANASITA)

펴낸이 | 하광석
펴낸곳 | 자유로운상상
등록 | 2002년 9월 11일(제13-786호)
주소 | 서울시 성북구 장위동 231-187 1층 102호
전화 | (02)392-1950 팩스 | (02)363-1950
이메일 | hks33@hanmail.net

ⓒ조현진, 2012

ISBN 978-89-90805-61-4 63370

아인슈타인처럼 생각하고 셜록 홈즈처럼 기억하라

글 조현진 · 그림 마나시타(MANASITA)

머리말

머리부터 발끝까지 **아인슈타인**처럼 생각하고 **셜록 홈즈**처럼 모든 것들을 관찰하고 기억한다면 분명 여러분들은 변화할 거예요.

앞으로 여러분이 살아갈 21세기는 창의력의 시대가 될 것이라고 해요. 창의력은 주의에 있는 것들을 새로운 눈으로 바라보고, 다르게 생각해서 이전과는 다른 새로운 것을 만들어내는 능력이에요. 창의력은 예술가나 발명가처럼 무언가를 만들어내는 사람들에게만 필요하지 않아요. 앞으로 여러분이 어떤 일을 하든지 창의력은 꼭 필요해요.

창의력 있는 사람이 되려면 머리가 말랑말랑해야 해요. 아이클레이는 서너 가지 색깔만 있으면 알록달록 새로운 색깔을 얼마든지 만들수 있어요. 서로 다른 색깔의 말랑말랑한 아이클레이를 손으로 주물러서 섞으면 새로운 색깔이 만들어지고, 부드러운 아이클레이는 어떤 모양이든 만들 수 있어요.

서로 다른 색깔의 아이클레이를 손으로 주물러 갖가지 색깔을 만들고 원하는 모양을 만드는 것처럼, 우리의 생각들도 손으로 주물러 새로운 것을 만들 수 있어요. 물론 머리 속에 손을 집어넣어 생각을 주무를 수는 없어요. 대신 여러분은

머리부터 발끝까지 아인슈타인처럼 생각하고 또한 우리가 가장 좋아하는 셜록 홈즈처럼 모든 것들을 관찰하고 기억한다면 분명 여러분들은 변화할 거예요. 공부를 못한다고요? 이제 걱정할 필요 없어요. 창의력 두뇌학습으로 분명 달라질 거예요. 새로운 일들에 도전하면서 다양한 감정을 느끼고, 많은 생각을 할 수 있어요. 그러면 여러분의 머리는 말랑말랑해져서 다양한 색깔과 모양을 만들 수 있도록 변화할 거예요.

이 책은 여러분의 머리를 말랑말랑하게 만들어 창의력을 쑥쑥 키울 수 있는 방법들을 소개했어요. 그렇다고 책상 앞에 앉아 공부만 하라는 건 절대 아니에요. 창의력은 온몸으로 마음으로 키우는 것이니까요. 창의력 있는 사람이 되도록 오늘부터 도전해 봐요.

글쓴이 **조 현 진**

차례

제3장

메모는 나의 힘, 또 다른 뇌
– 메모하기　98

잠자고 있는 뇌를 깨워라

기억하기

다음 날 시험을 잘 보기 위해 밤을 새워 공부하면
당장은 많이 공부한 것처럼 생각되지요.
하지만 뇌는 공부한 내용을 정리하고,
차곡차곡 쌓아 기억할 시간이 없기 때문에
그냥 휘리릭 날아가 버리는 것과 같아요.

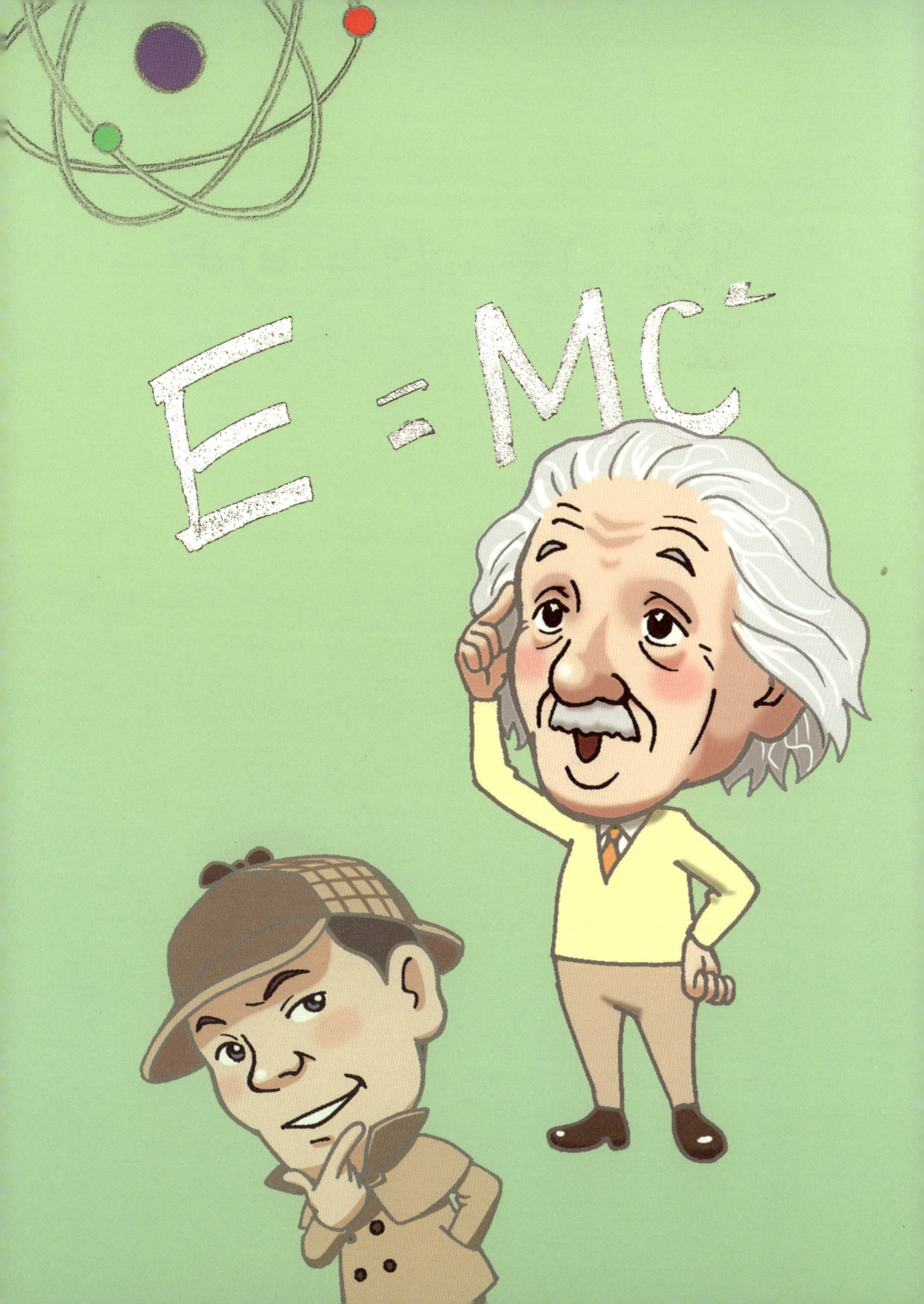

E = MC²

뇌를 깨우는 방법

푸른 바다, 차가운 계곡, 그 속에 풍덩 생각만 해도 신나지요.

물놀이를 하기 전에 꼭 한 가지 잊어서는 안 되는 일이 있어요. 바로 준비 운동입니다. 맨손 체조로 준비 운동을 하고 몸에 물을 묻히지요.

"이제 물에 들어갈거야. 몸아, 자 준비하자."

이렇게 말한 것이지요.

운동경기를 보면 선수들이 경기가 시작되기 전에 가볍게 뛰거나 체조를 하면서 몸을 푸는 모습을 볼 수 있어요. 자신의 능력을 최대한 발휘하기 위해 몸에게 준비를 시키는 것이지요.

공부를 하기 전에도 준비 운동이 필요해요. 누굴 준비시키냐구요? 물론 뇌지요! 준비 운동을 마친 뇌는 공부가 훨씬 잘 되니까요.

뇌에게 준비 운동을 시키려면 어떻게 해야 할까요?

몸은 뇌의 명령을 받아 몸이 움직입니다. 반대로 몸을 움직이면 뇌도 움직이게 됩니다.

손발을 움직이자

뇌의 중앙 표면에 있는 신경들이 명령을 내리면 손과 발이 움직입니다. 반대로 손과 발을 많이 움직이면 뇌의 중앙 표면의 신경들이 움직이지요. 뇌가 움직이려면 영양소와 산소가 필요합니다. 우리 몸을 움직이는 에너지가 되는 영양소와 산소를 온몸 구석구석으로 실어 나르는 것은 피 입니다.

걷기 운동은 뇌 전체에 피의 흐름을 좋게 만들어요. 뇌에 피의 흐름이 좋아지면 당연히 영양소와 산소의 공급이 활발해져서 뇌가 잘 움직이지요. 30분이나 1시간 정도 걸으면 뇌가 충분한 준비 운동을 할 수 있지요.

하지만 매일 공부를 하기 전에 1시간씩 걸을 수는 없어요. 대신 자기 방 주위를 천천히 걸어보세요. 작은 방이라고 상관없어요. 온 몸을 움직인다는 것이 중요하니까요.

걷기 운동보다 더 간단한 운동도 있어요. 손가락 발가락을 '오므렸다 폈다' 하는 운동이에요. 어렸을 때 손가락을 많이 사용하면 머리가 좋아진다는 말이 있어요. 우리나라 사람들의 지능이 높은 것도 어려서부터 젓가락질을 하기 때문이라는 연구 결과도 있어요. 그만큼 손가락 발가락을 움직이는 것은 뇌를 움직이게 하는 좋은 방법입니다.

손가락 발가락 운동은 언제 어디서나 할 수 있는 참 쉬운 운동이예요. 공부하기 전이나 수업을 시작할 때, 수업시간에 졸릴 때, 선생님도 짝꿍도 모르게 손가락 발가락을 움직여보세요.

입으로도 뇌를 준비시키는 운동을 할 수 있어요. 소리를 내어 말하는 것이지요. 너무 간단하지만 효과는 좋아요.

운동경기를 할 때 같은 편 선수들끼리 '아자! 아자! 화이팅!'이라고 외치며 서로 사기를 북돋워 주지요. 공부를 시작하기 전에도 한번 해보세요.

두 손을 불끈 쥐고 "아자! 아자! 화이팅!"이라고 소리쳐 보세요. '아자 아자 파이팅'이 싫다면 '파이팅!', '나는 할 수 있다.', '백점을 위해!'. 뭐든 간단하면서 용기를 북돋워줄 수 있는 말이면 충분해요.

공부를 하다가 작은 일이라도 칭찬할 만한 일이 있으면 소리 내어 스스로를 칭찬해 주세요.

"이렇게 어려운 문제를 풀다니.", "어제 공부한 것을 기억하고 있다니 나는 천재야."

말을 하면 뇌의 활동도 좋아지고 자신감도 생기지오. 하지만 끊임없이 중얼거리거나 공부와 상관없는 말을 하면 공부에 방해가 됩니다.

물놀이를 하다보면 엄마가 물 밖으로 나오라고 부릅니다. 맛있는 간식을 먹으면서 쉬라고 하시지요. 간식도 먹고 쉬고 나면 힘이 나서 더 재밌게 물놀이를 할 수 있어요.

공부할 때도 마찬가지예요. 준비 운동을 마쳤다면 열심히 공부하면 됩니다. 하지만 아무리 철저히 준비 운동을 했어도 공부를 하다보면 지치게 되지요. 이럴 때는 공부를 멈추고 뇌가 쉴 수 있도록 해 주어야 해요.

책을 덮고 기지개를 켠다든지 간단한 맨손 체조를 하면서 몸을 움직여 줍니다. 또 잠깐 동안 눈을 감아 뇌가 자극을 받지 않고 쉴 수 있도록 합니다. 좋아하는 음악을 듣는다든지, 간단한 간식을 먹는 것도 좋아요.

쉬고 나면 뇌는 다시 공부할 수 있는 준비가 되지요. 공부를 하다가 지치거나 힘이 들면 잠깐 쉬는 것이 공부에 더 도움이 됩니다.

규칙적인 생활이 몸을 튼튼하게 만들어 주듯이 '준비 – 공부 – 휴식' 이런 규칙적인 생활이 공부가 잘 되는 똑똑한 뇌를 만들어 줍니다.

뇌는 자야 한다

전날 다른 날보다 늦게 잠자리에 들었
거나, 잠자는 동안 자주 깼다면 어쩐지 몸
이 무겁고 피곤하지요. 또 머리도 좀 멍해
서 생각이 잘 안되는 것처럼 느껴지기도 해요.

사람들은 잠이 들면 우리 뇌가 전기 불이 꺼져
버리는 것처럼 완전히 꺼진 상태로 쉰다고
생각해요. 잠이 부족하면 몸이 제대로 쉬지 못해 피곤한 것처럼,
뇌도 쉬지 못해서 멍하다고 생각해요. 하지만 뇌는 몸이 잠들어도

깨어 있어요.

　깨어 있을 때와 잠잘 때의 차이점은 뭘까요? 깨어 있을 때 우리 몸은 보고, 듣고, 맛 보고, 냄새 맡고, 느끼면서 끊임없이 자극을 받아요. 자극 받은 뇌는 어떤 반응을 할지 몸에게 계속 명령을 하지요. 날아오는 공을 보면 피해야 하고, 엄마가 부르시면 대답해야 하고, 동생이 얄미운 짓을 하면 한 대 때려주고, 초코릿을 왕창 먹은 뒤에는 이를 닦고…… 우리 몸은 쉼없이 움직이기 때문에 뇌는 엄청 바쁘지요.

　하지만 잠이 들면 보고, 듣고, 맛보는 것 같은 자극을 받지 않기 때문에 뇌는 자극에 대해 어떻게 반응할지 명령을 내릴 필요가 없지요. 명령을 내릴 필요가 없는 잠자는 동안 뇌는 무슨 일을 할까요?

　잠에는 두 가지가 있어요. 얕은 잠을 자는 렘 수면과 깊은 잠을 자는 논렘수면이 있지요. 잠자는 동안 렘수면 상태와 논렘수면 상태가 교대로 반복되지요. 얕은 잠을 자는 렘수면 동안에는 눈꺼풀 아래의 눈동자가 움직이지요. 눈동자가 움직인다는 것은 뇌가 활동을 한다는 뜻이기도 하지요. 반면 논렘수면 상태는 뇌의 활동이 줄어듭니다.

렘수면 상태 때 뇌는 깨어있을 때 받았던 자극들을 다시 끄집어 냅니다.

자극 1 귀엽게 생긴 강아지에게 다가갔는데 그 강아지가 사납게 짖어서 깜짝 놀랐다.

자극 2 마법 천자문에서 '風'자를 써진 카드를 내자 바람이 불어 날려 버렸어요.

그리고 그 자극에 대해 어떤 반응을 하도록 명령했는지, 반응의 결과는 어떠했는지를 등등 다시 떠올려 정리하지요.

결과 1 아무리 작은 개라도 조심해야겠다.

결과 2 '風'자 카드가 나오자 바람이 부는 걸 보니 '風'자는 '바람'이라는 뜻이다.

　잠을 자는 동안 뇌는 깨어 있을 때의 받은 자극과 결과를 정리하고, 기억합니다. 반대로 잠이 부족하면 뇌가 자극과 결과를 정리할 시간을 충분히 갖지 못합니다.

　다음 날 시험을 잘 보기 위해 밤을 새워 공부하면 당장은 많이 공부한 것처럼 생각되지요. 하지만 뇌는 공부한 내용을 정리하고, 차곡차곡 쌓아 기억할 시간이 없기 때문에 그냥 휘리릭 날아가 버리는 것과 같아요. 밤을 새워 하는 벼락치기 공부는 당장은 도움이 되지만 금방 잊어버리지요.

공부를 잘하고 싶으면 잠을 충분히 잘 자야합니다. 그래야 우리 뇌가 공부한 것을 잘 정리해서 기억할 수 있어요.

잠자는 시간을 잘 이용하면 공부에도 도움이 되지요. 잠들기 전 그날 공부한 것을 쭉 한번 훑어보세요. 낮에 공부한 내용을 전부 다시 복습하라는 말이 아니에요. 어떤 공부를 했는지, 중요한 것은 무엇인지, 꼭 기억해야하는 것들은 무엇인지…… 이렇게 한번 생각해 보는 것만으로도 우리가 잠든 사이 뇌가 공부한 것들을 정리하고 기억하는데 도움이 되지요.

낮에 해결하지 못한 문제나 궁금한 점을 한번 생각해 보는 것도 좋아요. 우리 몸은 잠을 자지만 뇌는 문제를 풀기 위해 열심히 생각할 거예요.

잠을 잘 자려면 간단히 씻고 가볍게 맨손 체조를 하는 것도 좋아요. 샤워나 체조로 몸을 편안하게 해주고, 손과 발을 따뜻하게 하면 쉽게 잠이 들고 푹 잘 수 있지요.

튼튼한 뇌 만들기

축구 경기를 보면 마치 발에 공이 붙어 있는 것처럼 공을 다루는 선수들이 있어요. 하지만 공을 잘 다룬다고 꼭 훌륭한 선수가 되는 것은 아니에요. 아무리 공을 다루는 기술이 뛰어나도 딱 10분 뛰고 지쳐버린다면 훌륭한 선수라고 할 수는 없지요. 좋은 선수는 전·후반 90분 동안 그 넓은 운동장을 쉼없이 달릴 수 있어야 하지요.

축구선수들은 경기 내내 쉼없이 달리기 위해 어떤 준비를 할까요? 달리기, 윗몸일으키기, 줄넘기, 근육 훈련 같은 다양한 운동으로 체력을 기르지요.

　자, 이제 잠시후면 나오는 기억법으로 하루에 100개의 단어를 외웠어요. 그런데 뇌가 지쳐서 하루 종일 쉬어야한다면 무슨 소용이 있겠어요. 단어 100개를 외우고 뇌가 지치지 않아서 또 100개 또 100개를 외울 수 있으면 훨씬 좋겠지요. 기억력을 높이는 방법을 익히는 것만큼 뇌가 계속 움직일 수 있는 체력을 기르는 것도 중요해요.

　몸의 체력을 기르기 위해 운동을 하는 것처럼 뇌의 체력을 기르기 위해서도 운동을 해야 해요. 뇌를 꺼내서 줄넘기나 달리기를 시킬 수 없으니 어쩌면 좋냐구요? 하지만 걱정 말아요. 생각을 많이 하면 할수록 우리의 뇌는 저절로 운동이 되거든요.

생각은 뇌의 체력을 길러준다

치매는 뇌의 조직이 파괴되어 기억력과 생각하는 능력이 떨어지는 아주 무서운 병이에요. 치매가 생기는 뇌 기능이 떨어지기 때문이지요. 치매를 예방하기 위해서는 뇌의 기능을 높여 주어야 해요.

어렵지 않은 색종이 접기, 퍼즐 맞추기, 틀림 그림 찾기, 말판 채우기, 산책하기, 꽃이나 작은 애완동물 기르기…… 이런 일들은 모두 손과 발 우리 몸의 감각들을 자극하고, 뇌를 튼튼하게 만듭니다. 뇌가 계속 생각하게 하고 느끼게 하는 것은 뇌의 체력을 기르는 가장 좋은 방법이에요.

그렇다고 어려운 수학 문제나 과학 문제를 풀라는 것이 아니에요. 어려운 일 중요한 일은 뇌를 많이 사용해야 하기 때문에 체력을 기르기 전에 뇌가 피곤해지지요.

사소하고 작은 일들은 함으로써 뇌를 끊임없이 움직이게 해야 해요. 색종이 접기, 퍼즐, 묵찌빠, 하나 빼기 같은 간단한 게임도 좋아요. 방 청소, 식탁 차리기, 빨래 개기, 과일 깎기 같은 일도 좋아요. 물론 칼을 사용할 때는 조심해야겠지요. 화분에 물주기, 애완동물 기르기 같은 생활 속에서 할 수 있는 작은 일들이 바로 여러분의 뇌를 운동시키는 일이지요.

뇌는 새로운 것을 좋아하다

난생 처음 보는 새로운 것을 보면 '저건 뭐지?' 하면 궁금해지지요. 우리 뇌는 새로운 것을 민나면 무엇인지 알아내기 위해 바쁘게 움직이기 시작해요. 그래서 눈과 코, 입, 귀 그리고 촉각 등을 이용해서 궁금증을 풀기 위해 관찰하고 생각해요. 뇌를 운동시키려면 새로운 경험을 많이 하는 것이 좋아요.

먼저 새로운 사람이나 새로운 장소에 가보는 거예요.

집에서 학교까지 날마다 같은 길을 걸어 다닙니다. 가끔 다른 길로 한번 와보는 거예요. 또 차를 타고 다녔던 길을 걸어보는 것도 좋아요. 평소에 지나치면서 보지 못한 것들을 살펴보면서요.

평소의 습관을 거꾸로 해보는 것도 좋아요. 앞으로만 걸어 다녔다면 뒤로 한번 걸어보세요. '놀라운 기억법'을 '법억기 운라놀' 처럼 책을 거꾸로 읽어보는 것도 도움이 되지요. 또는 눈을 가리고

촉감으로만 물건의 이름을 맞춰보세요.

　평소의 생활을 조금만 바꾸면 얼마든지 뇌를 운동시킬 수 있어요. 잘해야지 하는 생각보다는 새로운 일에 도전한다는 즐거움이 뇌를 튼튼하게 만들어줄 거예요.

1. 장소에 맞는 것을 모아서

방, 거리, 학교 운동장, 식당, 학원, 슈퍼마켓, 병원 등은 여러분이 평소 생활하는 곳이고, 자주 이용해서 익숙한 곳들이지요. 이런 장소들을 이용해서 기억력을 높이는 방법도 있어요.

먼저 눈을 감고 지금 운동장 한가운데 서서 주위를 빙 둘러 본다고 상상해 봐요. 뭐가 보이나요? 학교 건물, 여러 가지 운동기구, 아이들. 축구, 야구, 농구, 같은 운동을 하는 아이들도 있고, 달리기를 하거나 자전거도 타는 아이들도 있어요. 어떤 아이는 신나게 웃고, 또 어떤 아이는 울고, 친구와 싸우기도 해요.

children(아이들), play(운동하다, 놀다), run(달리다), fight(싸우다), soccer(축구), ball(공), interest(재미있다). exciting(흥분하다), laugh(웃다) 같은 영어단어들은 모두 운동장에서 볼 수 있는 단어들이지요.

여러분의 머릿속에 운동장이라는 방을 하나 만드세요. 그리고 그 방에 영어 단어들을 가져다 넣으세요.

맛이나 음식에 관한 단어는 식당, 몸이나 느낌과 관련된 단어는 자주 다니는 병원이라는 방에 기억하면 되지요. pencil(연필), eraser(지우개), paper(종이) 같은 단어들은 어느 방에다 넣으면 될까요? 문방구에 가면 모두 볼 수 있는 것들이니 문방구라는 방에다 넣으면 되지요.

이렇게 몇 개의 장소를 정해놓고 그 장소에 어울리는 영어나 한자 단어를 외울 때 꼭 이용해 보도록 해요.

2. 기억력을 높이려면 달려요

이야기를 만들고, 비슷한 모양이나 소리를 찾아내기도 하고, 노래도 부르고, 기억력을 높이는 여러 방법들이 있어요. 또 기억력을 높이는 방법을 소개하는 책들도 많지요.

이제까지 살펴 본 기억력 높이는 가만히 앉아서 하는 방법들이었어요. 하지만 몸을 움직이면서 기억력을 높이는 방법도 있어요.

사람들을 세 팀으로 나누었어요. '달리기를 하는 사람들, 가만히 서 있었던 사람들, 앉아 있는 사람들' 각각 팀에 모임 사람들이 얼마나 기억력이 좋은지 실험을 했어요. 결과는 달리기를 한 뒤 약간의 휴식 취한 사람들이 가장 기억력이 좋았다고 해요. 여기서 달리기는 100m 달리기를 할 때처럼 빨리 달리는 것이 아니라, 걷는 것보다 조금 빠른 속도로 30분 정도 달리는 것이지요.

가벼운 달리기는 몸을 튼튼하게 할 뿐 아니라 뇌의 움직임을 좋게 만들어 주지요. 그래서 달리기를 한 뒤에 공부를 하면 잘 외울 수 있어요.

뇌도 배고프다

옛날 중국에 원숭이를 기르던 사람이 있었어요. 많은 원숭이를 기르다 보니 먹이를 주는 일이 쉽지 않았어요. 그래서 하루는 원숭이들에게 이렇게 말했어요.

"앞으로는 아침밥으로 도토리 3개, 저녁밥으로 도토리 4개를 주겠다."

그러자 원숭이들이 막 화를 냈어요. 아침에 도토리 3개만 먹으면 배고파서 참을 수 없다는 것이었지요. 원숭이들이 하도 화를 내니 주인은 할 수 없이 다시 말했어요.

"그렇다면 아침밥으로 도토리 4개 저녁밥으로 도토리 3개를 주마."
그러자 원숭이들은 좋다고 고개를 끄덕였어요.

이 이야기는 '조삼모사'라는 한자 성어에 얽힌 것입니다. '조삼모사'는 어리석음을 꼬집어 말할 때 주로 쓰는 한자성어예요. 아침에 3개 저녁에 4개나, 아침에 4개 저녁에 3개나 따지고 보면 모든 하루에 먹을 수 있는 도토리는 7개입니다. 그런데 단순한 원숭이들은 아침에 4개 준다는 말에 더 많은 도토리를 먹는 줄 알고 좋아했어요.

생각이 짧은 원숭이가 바보 같아요. 하지만 하나라도 더 먹고 싶어하는 원숭이들을 생각하면 좀 불쌍하기도 해요. 살기 위해서는 먹는 것이 가장 중요하기 때문일 거예요.

우리나라 속담에 '금강산도 식후경'이라는 말이 있어요. 아무리 좋은 것이라도 배가 불러야 눈에 들어온다는 뜻이지요. 지지치 않고 달릴 것 같은 자동차도 휘발유가 떨어지면 그냥 길 가운데 서버려요. 움직이는 모든 것들은 에너지가 떨어지면 멈춰버리지요.

사람은 음식을 먹어서 영양소를 얻어요. 몸을 움직일 수 있는 에너지를 만드는 영양소, 근육을 만드는 영양소, 뼈를 만드는 영양소, 몸의 기능들이 조화를 이루도록 돕는 영양소 등등 영양소마다 하는 일이 달라요. 특히 에너지가 되는 영양소를 얻지 못하면 그냥 두 팔, 두 다리 쭉 뻗고 누워버리지요. 배가 고파 쓰러져 있을 때 다시 일어설 수 있는 에너지를 만드는 영양소는 어떤 것일까요? 밥이나 빵 국수, 감자 고구마 같은 탄수화물을 먹어서 얻은 영양분을 당질이라고 불러요. 이 당질이 산소와 만나 타면서 에너지를 만들어 우리 몸이 움직인답니다.

우리 뇌도 마찬가지예요. 영양소가 산소와 만나 타면서 생기는 에너지가 없으면 뇌가 잘 움직이지 않아요. 그런데 에너지를 만드는 당질이 모자라면 우리 몸은 배가 고프다고 느끼지만 뇌는 에너지가 모자라도 배고프다고 느끼지 못해요. 피곤하거나 또는 생각이 잘 안 된다고 느끼지요. 정말로 에너지가 모자라면 뇌의 기능이 떨어지지요.

아침에 시간이 없다거나, 또는 자고 일어나서 밥맛이 없다고 아침밥을 먹지 않는 사람들이 있어요. 아침밥을 먹지 않는 것은 뇌를 굶기는 일이에요. 뇌는 잠자는 동안 어제의 일을 정리하고 쌓은 일을 끝냈기 때문에 이제 다시 많은 정보를 받아들일 준비가 되어있어요. 그런데 밥을 먹지 않으면 뇌를 움직일 에너지가 없기 때문에 뇌가 잘 움직이지 못해요. 아침밥을 굶고 학교에 가는 것은 공부를 열심히 하지 않겠다는 것과 같아요.

꼭꼭 씹어 밥을 먹자

운동을 많이 해서 다리가 아플 때 마사지를 하면 다리근육이 금

방 풀립니다. 뇌도 마사지를 해주면 피곤이 금방 풀려서 좋을 거예
요. 하지만 뇌는 단단한 머리뼈에 감싸여 있어서 만질 수가 없어
요. 그 대신 뇌와 가까이 있는 치아를 움직이면 뇌를 마사지하는
것과 같은 효과를 얻을 수 있어요. 밥을 먹을 때는 꼭꼭 씹으면 자
연스럽게 뇌를 마사지하게 됩니다.

'아 지금 뇌를 마사지하고 있다.'라고 생각하면서 음식을 꼭꼭
씹으세요. 씹는 것은 뇌에도 좋지만 이와 이를 지탱해주는 잇몸 속
의 뼈도 튼튼하게 만들어주지요. 또 음식을 꼭꼭 씹어 먹으면 소화
에도 도움이 되요.

뇌를 마사지 한다고 일부러 딱딱한 마른 오징어나 껌을 씹을 필
요는 없어요. 오징어나 껌을 많이 씹으면 오히려 치아에 해로울 수
있어요. 식사 시간에 밥과 반찬들을 꼭꼭 씹어 먹는 정도로도 충분
하답니다.

똑똑한 머리를 만드는 최고의 음식은 '검은 참깨'라고 해요. 검

은 참깨에는 우리 몸의 세포를 만드는 영양소가 많이 들어 있어요.

특히 뇌세포를 만드는 아미노산이 많이 들어 있어서 동의보감에도

'검은 참깨를 먹으면 몸이 가뿐해지고 머리가 좋아진다.'고 쓰여

있지요. 땅콩, 호두, 잣 같은 견과류도 좋아요. 뇌 활동에 필요한

불포화지방산과 비타민 무기질들이 많이 들어 있어요.

고등어, 꽁치, 정어리, 장어, 참치 같은 생선들은 모두 등이 푸

른빛을 띤다고 해서 '등푸른 생선'이라고 부르지요. 등푸른 생선

에는 DHA라는 영양소가 들어 있습니다. 이 영양소는 뇌세포가 활

발하게 움직일 수 도록 도와주지요.

미역, 김, 파래 같은 해조류는 뇌 발달에 영향을 주는 호르몬을

만들어줍니다. 또 머리에 쌓인 피로를 풀어주기도 해요.

콩이나 달걀에는 기억력을 좋게 하는 레시

틴이라는 영양소가 많이 들어 있어요. 시

험 공부할 때 매일 꾸준히 달걀이나 콩을

먹으면 기억력을 높이는데 좋아요.

하지만 무엇보다 신선한 재료로 사랑을 듬뿍 담아

만든 엄마표 음식들을 골고루 먹는 것이 몸도 뇌도 튼튼

하게 만드는 비결이에요.

가장 먼저 해야 할 공부

햇볕은 쨍쨍 바람 한점 없는 여름 날. 꿀벌은 쉬지 않고 이 꽃 저 꽃 날아다녔어요. 꿀통에 꿀을 한가득 담은 벌은 집까지 날아가기가 힘들어 잠깐 장미 꽃잎에 앉았어요. 그때 머리 위로 하루살이 떼들이 윙윙거리며 날아 왔어요. 꿀벌은 하루살이 떼를 보고 소리쳤어요.

"애들아! 잠깐 이리와서 앉아봐."

하루살이 떼들이 꿀벌 옆에 앉았어요.

"왜 불렀어?"

"내가 며칠 전부터 너희들을 봤는데 아무것도
안하고 하루 종일 날아다니기만 하더라. 너희들
개미와 배짱이 이야기 모르지? 모르니까 일도 안하고 날아만 다닐
거야."

하루살이들은 꿀벌을 이상한듯 쳐다보며 물었어요.

"그럼 날아다니는 것 말고 할 일이 뭐가 있는데?"

"여름에는 겨울을 대비해야지. 나 봐. 겨울에 먹을 꿀을 모으느
라 이 더위에도 쉬지 않고 일하잖아. 여름에 너희처럼 놀면 겨울에
굶어죽는다."

“겨울? 그게 뭔데?”

“나뭇잎도 풀도 모두 사라지고, 찬바람만 쌩쌩 불고, 시냇물도 꽁꽁 얼어 버리고, 하얀 눈이 펑펑 쏟아지는 겨울.”

하루살이들은 고개를 갸웃거리며 물었어요.

“찬바람? 시냇물이 얼어? 눈이 뭔데?”

꿀벌은 어이가 없었어요.

“겨울! 너희들 겨울 몰라?”

“애들아 가자, 뭔 소리를 하는지 하나도 모르겠네.”

하루살이들은 꿀벌을 이상하다는 듯 쳐다보고는 날아가 버렸어요. 혼자 남은 꿀벌도 겨울을 모르는 하루살이들이 이상했어요.

꿀벌은 여름에 모은 꿀을 먹으며 추운 겨울을 보내지요. 하지만 하루살이들은 여름에 겨우 며칠 동안만 살기 때문에 겨울이 어떤 계절인지 알지 못하지요. 또 겨울까지 살지도 않을 테니 알아야 할 필요도 없어요.

공부할 때도 마찬가지예요. 내가 겪었던 일, 직접 보고 경험할 수 있는 일들은 쉽게 배울 수 있어요. 여름에 햇볕 아래에 서면 덥고, 그늘에 서면 시원하다는 것은 경험으로 알고 있고, 뇌 속에 저

장하고 있어요. 그래서 과학 시간에 '태양은 지구에 열에너지를
보내준다.'라고 하면 금방 이해할 수 있어요.

이렇게 뇌에 정보가 들어 있으면 공부하기가 훨씬 편해요. 그럼
공부를 잘 하기 위해서 우리 뇌에 어떤 정보가 들어 있어야 할까
요?

단어의 뜻을 알자

공부는 선생님이 설명하시는 것을 듣거나 책을 읽으면서 하지요.
선생님은 말로 설명하시고, 책은 글로 써 있어요. 그런데 선생님이
하시는 말 중에 뜻을 모르는 단어가 있거나 책을 읽다가 뜻을 모르
는 단어가 많으면 제대로 공부를 할 수 없어요.

'어디레 감수광'

이 말은 제주도 사투리입니다. 단어의 뜻을 모르니 이 말의 뜻도
모르는 것이 당연하지요. '어디레'는 '어디', '감수광'은 '갑니
까?'란 뜻으로 '어디레 감수광'은 '어디 가십니까?'라는 말입니
다.

공부를 잘하고 싶다면 먼저 많은 단어들의 정확한 뜻을 익혀 뇌 속에 저장시켜야 해요. 단어들의 뜻을 익히는 가장 좋은 방법은 독서예요. 여러 종류의 책을 읽고 잘 모르는 단어가 나오면 사전을 찾아보세요.

단어의 뜻을 알기 위해 사전을 찾아보는 일은 시간도 걸리고, 귀찮기도 해요. 또 때로는 사전의 뜻풀이를 읽어도 무슨 뜻인지 잘 이해가 되지 않을 때도 있어요. 하지만 귀찮고, 별 도움이 안 되는 것처럼 보이는 일들이 모여서는 큰 재산이 된답니다.

오늘부터라도 뜻을 잘 모르는 단어가 있으면 사전을 찾으세요. 단어장을 만들어 사전에서 찾은 단어들을 적어 두거나, 여러 번 소리 내어 읽으면 기억이 더 잘 되지요.

긴 이야기책이나 어려운 과학, 수학, 역사에 대한 책들은 꼭 읽어야 해요. 하지만 처음부터 이런 어려운 책을 읽다보면 책 읽기가 싫어질 수도 있어요. 자기가 좋아하는 책, 쉽고 재밌는 책부터 읽는 것이 좋아요.

　또 종이 접기 책, 요리 책들을 읽는 것도 단어의 뜻을 아는데 도움이 돼요.

　종이 접기 책은 정확한 단어와 짧은 문장으로 쓰여 있어요. 설명을 읽으면서 종이접기를 하다보면 자신이 얼마나 문장을 정확히 이해하는지 알 수 있어요. 단어나 문장의 이해가 어렵더라도 그림이 함께 있으니까 도움을 받을 수 있어요.

　제품의 사용 설명서나 장난감의 조립 설명서도 이용하면 좋아요. 설명서대로 직접 해보면 단어나 문장의 뜻을 다시 생각해 볼 수 있으니까요.

일요일 오후 동우와 동철이가 나란히 앉아 텔레비전을 보고 있어요. 동우와 동철이가 좋아하는 오락 프로그램입니다. 출연자들이 '구구단을 외자' 게임을 해서 승자와 패자를 가르고 있어요.

"6 곱하기 3"

"18.4 곱하기 8"

"32.0 곱하기 7"

"0.8 곱하기 6"

재밌게 텔레비전을 보고 있는데 동생인 동철이가 갑자기 끼어

들었어요.

"형, 구구단에 0 곱하기 7이라는 게 있어?"

"응. 0단이야."

"0단! 왜 0 곱하기 7은 0이야?"

"0단은 답이 모두 0이야."

"정말 0단은 모두 답이 0이야?"

"응."

"왜?"

동생이 자꾸 말을 시키자 동우는 짜증이 났어요.

"왜는 왜야! 0이니까 그렇지. 조용히 해. 텔레비전 보고 있잖아."

"괜히 화내고 난리야! 형도 잘 모르니까 그러지?"

"내가 모르긴 뭘 몰라?"

"그럼 왜 0단의 답은 전부 0인지 설명해봐."

동철이도 지지 않고 형에게 고개를 들이밀며 큰 소리로 말합니다.

"이게 정말!"

동우는 저도 모르게 동철이의 머리에 꿀밤을 놓았습니다.

'으앙~'

기어이 동생이 울음을 터뜨렸습니다. 동우도 동생을 째려보는데 0단의 정답이 왜 0인지 생각이 나지 않았습니다.

동철이는 "왜 0단의 답은 모두 0이냐?"고 물었어요. 다른 말로 하면 "0에다 어떤 수를 곱하든 왜 모두 0이 되는지?"라고 물은 것이지요. 여러분은 동철이의 질문에 대해 대답할 수 있나요?

'0에 어떤 수를 곱한다는 것은 0이란 숫자를 그 수만큼 더한다는 뜻입니다. 0은 몇 번을 더하더라도 항상 0이 되기 때문에, 0에 어떤 수를 곱해도 답은 0입니다.'라고 대답했다면 곱셈을 아주 잘 이해하고 있는 것이지요.

하지만 '0단'에 대해 설명하지 못했다면 곱셈을 정확히 알지 못한다는 뜻일 수도 있어요.

선생님이 외우라고 하시니까, 곱셈 시험을 보니까, 그냥 무턱대고 구구단을 외웠다면 설명을 제대로 못했을 거예요. 구구단은 곱셈을 쉽게 하려고 만든 것이지요. 그래서 구구단을 열심히 외웠다면 시험에 나오는 단순한 곱셈 문제는 잘 풀었을 거예요.

하지만 학년이 높아지거나 시험에 어려운 문제들이 나오면 단순히 구구단만 외워서는 높은 점수를 받을 수 없어요. 어렵고 복잡한 문제들은 곱셈의 뜻이나 곱셈이 어떻게 만들어졌는지 알지 못하면 구구단을 아무리 잘 외워도 풀 수 없답니다.

그럼 공부한 내용을 정확히 알고 있는지 어떻게 확인할 수 있을까요? 바로 설명을 해보면 알 수 있어요.

다른 사람에게 설명할 때 어떻게 설명해야할지 모르거나, 설명을 하면서도 자신이 없거나, 부족하다고 느껴진다면, 정확하고 자세하게 이해하지 못했다는 뜻이지요.

정말 공부를 잘하고 싶다면 자기가 공부한 내용이나 풀어본 문제를 다른 사람에게 가르쳐 주세요. 다른 사람을 가르치다보면 자신이 얼마나 이해하고 있는지 스스로 알게 되지요. 또 입으로 설명을 하는 동안 뇌는 설명하고 있는 내용들을 다시 한 번 정리하고 기억하게 됩니다.

'공부해서 남 주냐?'라는 말이 있어요. '공부를 해두면 언젠가는 꼭 자신에게 필요한 때가 있다'는 뜻이지요. 그런데 공부해서 남을 가르치면 더 많은 공부를 할 수 있어요.

가족이나 친구들과 이야기를 나누는 것도 뇌를 똑똑하게 만드는 한 방법이에요.

말은 그저 입을 움직이는 단순한 행동처럼 보입니다. 그러나 사람이 말을 할 때 뇌에서는 많은 일들이 일어나지요.

먼저 이야기를 나누는 상대가 어떤 이야기를 하고 싶어 하는지, 내가 어떤 이야기를 하고 싶은지 생각해야 해요 그에 맞는 이야깃거리를 찾아내고, 듣는 사람이 재미있게 들을 수 있도록 이야기를 만들지요. 그리고 상대가 이야기를 할 때는 듣고, 이해하고, 어떤 대답을 해야 할지 생각합니다.

이야기를 나눌 때 우리의 뇌에서는 이렇게 복잡한 일들이 빠르게 일어납니다. 이야기를 한다는 것만으로 뇌는 많은 일을 합니다. 물론 생각을 많이 한 뇌는 똑똑하지요.

중요한 한 가지 이야기를 나눌 때 내가 하고 싶은 말만 해서는 안 돼요. 이야기 하는 상대의 말을 주의 깊게 듣고 또 내 생각을 부드럽게 표현하면서 서로 생각과 마음을 주고받는 대화를 해야 합니다.

'왜'라고 외치자

"폐하 큰일입니다. 온 나라에 도둑들이 들끓고 있습니다."

"갈수록 도둑의 수가 늘어나 백성들의 원성이 하늘을 찌릅니다."

왕은 화가 나서 버럭 소리를 질렀습니다.

"도둑이 많으면 도둑을 없애버리면 될 것 아니요?"

"도둑을 잡는 일이 그리 쉽지 않습니다. 도둑들은 변장을 하고 밤에만 다니니 누가 도둑인지 알 수가 없습니다."

"듣기 싫다. 도둑을 잡을 방법이나 찾아오도록 하라."

며칠 뒤 한 신하가 달려 왔습니다.

"제가 도둑을 없앨 좋은 방법을 찾아냈습니다. 손만 척 보면 도둑인지 아닌지 알아내는 사람이 있습니다. 그 사람에게 도둑을 골라내도록 하는 것입니다."

"그럼, 어서 도둑을 잡도록 하라."

그 날부터 도둑 잡는 사람은 전국 방방곡곡을 돌아다니면 만나는 사람들의 손을 살폈습니다. 도둑 잡는 사람은 정말 귀신 같이 손만 보고도 도둑인지 아닌지를 알아냈어요. 한 달이 지나자 전국의 도둑들은 전부 감옥에 갇혔어요.

"수고했다. 이제 도둑이 사라졌으니 백성들도 불안에 떨지 않게 되었다. 내 너에게 후한 상을 줄 것이다."

하지만 얼마 지나지 않아 다시 도둑이 늘어난다는 소식이 전해졌지요. 게다가 저번보다 더 빨리 도둑이 늘어났어요.

"도둑을 다 잡아 들였는데 다시 도둑이 늘어나다니 이게 무슨 일이냐? 다시 도둑 잡는 사람을 불러 오너라."

그때 한 신하가 앞으로 나서면 말했어요.

"전하, 계속 도둑을 잡아들인다고 도둑이 없어지지는 않을 것입니다. 뭔가 다른 해결 방법을 찾아야 합니다."

“도둑을 잡아들이는 것 말고 또 무슨 방법이 있단 말이요?”

늘어나는 도둑을 없애기 위해서는 어떤 방법이 있을까요? 정말 도둑을 잡아들이는 방법 밖에는 다른 방법이 없을까요?

우리는 어떤 문제가 생기면 해결할 방법을 찾습니다. 낭연한 일이고, 해결 방법을 찾으려고 노력해야하는 것이 맞습니다.

하지만 방법을 찾기 전에 꼭 한 가지 짚고 넘어가야 할 것이 있어요. 바로 ‘왜?’라고 물어야 해요.

‘왜 이런 일이 생겼지?’ 문제의 원인이 무엇인지 찾아보아야 해요.

도둑의 수를 줄이는 방법을 찾기 전에 “왜 도둑이 갑자기 늘어나기 시작했을까?”를 먼저 생각해야 해요.

백성들이 도둑질을 하고 있어요. 도둑이 되고 싶은 사람은 없어요. 그런데도 백성들이 도둑이 될 수밖에 없는 이유가 있을 것이고 그 원인을 없애면 자연히 도둑의 수는 줄어들 거예요.

도둑이 늘어나는 원인은 '백성들이 살기가 어려워 도둑질을 하기 때문이다.'

그러니 '백성들의 생활이 넉넉해지면 자연히 도둑은 줄어들 것이다.'

따라서 '도둑을 줄이기 위해서는 백성들의 생활을 돌보아야 한다.'

무조건 도둑을 잡아들이는 방법보다 훨씬 좋은 방법이지요. 이처럼 생각이나 주장을 이야기할 때 정확한 이유가 있어야 해요. 어떤 이유로 그런 주장을 하는지 말하지 못하면 사람들은 그 주장을 귀담아 듣지 않아요. 셜록 홈즈는 어떤 주장을 말할 때 정확한 이유를 대는 것을 '논리'라고 했어요. 논리는 다른 사람을 설득하는 방법이지요.

요즘에는 대학에 들어가는 시험을 치를 때 '논술'이라는 시험을 봅니다. 얼마나 논리적으로 자신의 생각과 주장을 펼치는지 살펴보는 시험이지요.

논술을 잘하려 평소에 자신의 생각이나 주장을 말할 때 왜 그렇게 생각하는지 또 왜 그런 주장을 하게 됐는지 이유를 한번쯤 생각해 보세요. 그리고 그런 생각들을 다른 사람과 이야기해 보세요. 논리는 혼자만 생각한다고 길러지지 않아요. 내 의견을 말하고 다른 사람의 의견을 들으면서 서로 어떤 부분이 같고, 어떤 부분이 다른지 생각하는 사이에 자신 안의 논리가 쑥쑥 자란답니다.

'왜 하늘에서 비가 내리지?'

'왜 나무는 불에 타고 쇠는 불에 타지 않지?'

'왜 상한 음식을 먹으면 배가 아프지?'

'왜 사람의 피는 빨간색일까?'

‘왜 가을에는 나뭇잎이 떨어지지?’

‘왜 새는 하늘을 날 수 있지?’

여러분이 한 번쯤 궁금하다고 생각해 본 질문들이지요.

‘왜?’라는 호기심 때문에 사람은 비와 불을 연구하고, 사람의 몸을 들여다보고, 나무와 새를 관찰했어요. 그래서 물과 불을 생활에 이용하게 되었고, 우리 몸에 생기는 병들을 고칠 수 있고, 비행기를 만들어 새처럼 하늘을 날 수 있게 되었어요.

사람이 ‘왜’라는 질문을 하지 않았다면 아마 지금도 고릴라나 침팬지처럼 숲 속에서 나무열매를 따 먹으면 살고 있을 거예요. ‘왜’라고 물었기 때문에 사람은 이만큼 발전할 수 있었답니다.

여러분이 공부할 때도 ‘왜?’라고 하번 물어보세요. 그냥 책에 있는 대로 외우기만 하지 말고 ‘왜 이렇게 되지?’라고 스스로에게 한번 물어보세요. 답을 찾아보려고 노력한다면 그 공부는 여러분의 머리 속에 쏙쏙 들어오고 여러분의 뇌는 훨씬 더 똑똑해질 거예요.

엄마는 요리사

현관문을 열고 집으로 들어선 동우는 코를 찌르는 냄새에 자기도 모르게 얼굴을 찌푸렸습니다. 집 안에는 맵고 짠 냄새들이 가득 차 있었습니다.

"엄마 이게 무슨 냄새예요?"

동우는 엄마를 부르면 주방으로 갔어요. 바닥에는 크고 작은 그릇들과 비닐봉지들이 널려 있었어요.

"엄마, 이게 다 뭐예요?"

"학교 잘 다녀왔니? 오늘 김치 담근다고 했잖아."

“엄마 진짜 김치 담글 줄 아세요?”

동우 엄마는 김치를 처음 담그시는 거지요.

“배추에 여러 가지 양념을 넣고 버무리면 되는 거야.”

엄마는 큰 그릇을 놓고 양념을 넣기 시작하셨어요.

“이제 양념을 버무려야지. 고춧가루랑 젓갈이랑 파랑…… 어, 파를 다듬어 놓지 않았네.”

엄마는 봉투 안에 흙이 묻은 채 들어있는 파를 쳐다보았어요.

“그냥 파는 빼버릴까? 그럼 마늘은…… 마늘이 냉장고에 있나?”

엄마는 냉장고 안을 살폈어요.

"시장 볼 때 마늘을 안 사 왔잖아. 마늘 사러 가야겠다."

"엄마 그런데 배추김치예요? 무김치예요?"

"배추김치 담글거야. 근데 배추는 소금에 잘 절여졌나?"

엄마는 배추가 담긴 통을 들여다보시더니 한숨을 푹 쉬셨어요.

"배추가 하나도 안 절여졌네. 어쩌지 아직 한 참을 더 기다려야 겠는걸…… 고춧가루 양념을 만들어야 하나? 그냥 두어야 하나? 근데 배추는 인제쯤 질여지러나?"

배추는 아직 절여지지도 않고 파, 마늘도 아직 준비되지 않았어요. 동우 엄마는 오늘 김치를 담글 수 있을까요? 아마 이런 엄마는 없을 거예요.

엄마가 김치를 담그는 것을 본 적이 있나요? 배추나 무에 여러 가지 양념을 넣어 섞어요. 간단해 보이지만 준비 과정이 길답니다. 김치를 담그려고 생각했다면 어떤 김치를 담글지 결정하고 거기에 맞는 재료를 준비합니다. 배추를 절이는 데는 시간이 걸리기 때문에 배추를 먼저 절이지요. 배추가 다 절여질 시간에 맞추어 다른 재료들을 모두 준비해요.

완벽한 준비가 끝나면 재료들을 넣어 버무립니다. 김치를 어떻게 보관하느냐에 따라 김치 맛이 달라지기 때문에 신경을 써야합니다. 김치 하나를 담그더라도 계획을 잘 세워야 맛있는 김치를 먹을 수 있어요.

문제를 해결하라

사람은 항상 주어진 문제를 해결하면서 살아가지요. 여러분은 아직 어리고 학생이기 때문에 복잡하고, 어렵고, 중요한 문제들을 해결해야할 경우는 그리 많지 않을 거예요, 작은 일 , 쉬운 문제들을 잘 해결하는 연습을 꾸준히 하다보면 어른이 되었을 때 문제 해결을 잘하는 사람이 될 수 있을 거에요. 또 점점 어려워지는 공부를 하거나 시험 문제를 풀 때도 도움이 될 거예요.

문제를 해결 할 때는 가장 처음에 할 일은 문제가 무엇인지 정확히 알아내는 일이에요. 가끔 문제를 풀 때 무엇을 물어보는 문제인지 모를 때가 있어요. 무엇을 물어보는지도 모르는데 어떻게 답을 찾을 수 있겠어요. 해결해야할 문제가 무엇인지 정확히 아는 것은 답을 향한 첫걸음입니다.

두 번째는 문제와 관련된 정보들을 모읍니다. 아무리 셜록 홈즈라 해도 정보가 정확하지 않으면 정확한 추리를 할 수 없어요. 정보를 모을 때는 정확한 정보, 많은 정보를 모아야 해요.

세 번째는 모은 정보들 속에서 문제 해결에 필요한 정보를 다시 추려내는 정리 단계입니다.

다음은 추려낸 정보가 서로 어떤 관계가 있는지, 그 정보들을 이용해서 어떻게 하면 문제를 해결할 수 있는시 방법을 찾아내는 단계예요.

방법을 찾으면 문제 해결에 올바른 방법인지 마지막으로 한번 더 검토해 봅니다.

다음 문제를 풀어보아요.

'9×7'이라는 문제가 있어요. 이 문제는 곱셈 문제입니다. 문제를 알았으니 해결해 필요한 정보들을 모아야지요. 구구단이 필요하지만 1단부터 9단까지 모든 구구단을 외울 필요는 없어요. 9단이나 7단만 외우면 '9×7은 63'이라는 정답을 찾을 수 있어요. 문제를 잘 풀었는지 확인하는 것도 잊지 마세요.

　　단순한 곱셈 문제를 풀 때도 우리의 뇌는 계획을 세우고 그 과정을 하나하나 밟아 나간다는 것을 알고 있었나요? 알지 못했을 거예요. 우리가 모르는 사이 뇌는 이렇게 복잡한 과정을 거치며 생각을 키워나가고 있어요.

　　공부는 즐거울 때보다 힘들 때가 훨씬 많아요. 그래도 공부하는 동안 우리의 뇌는 조금씩 조금씩 튼튼하고 똑똑해진다는 것을 기억하면 공부가 조금은 덜 힘들 거예요.

생각의 시작은
꼼꼼한 관찰력

어렸을 때 같은 그림 찾기, 다른 곳 찾기,
숨은 그림 찾기 같은 놀이를 많이 했을 거예요.
이 놀이들은 관찰력을 기르는데 아주 좋아요.
관찰은 우리 뇌가 계속 생각하고 움직일 수 있게 하는 힘입니다.
그러니 열심히 관찰해서 우리 뇌를 똑똑하게 만들어야 해요.

생각의 시작은 관찰이다

옛날 깊은 산골 마을에 살던 농부가 난생 처음으로 한양에 갔어요. 농부는 눈에 보이는 모든 것이 신기했어요. 어느덧 해는 지고 달이 뜨자 농부는 이레 전에 집을 나설 때 아내가 했던 말이 생각났어요.

'한양에는 저 달처럼 생긴 참빗이라는 물건이 있데요. 한양 여자들은 하나씩 갖고 있다니까 당신도 꼭 하나 사다주세요.'

농부는 부랴부랴 가게를 찾아 들어갔어요.

"주인장. 저기 하늘에 뜬 달처럼 생긴 물건 좀 주구려."

“뭐요?”

“아내가 저기 달처럼 생긴 물건을 사다 달라고 했단 말이오.”

주인은 하늘에 떠 있는 둥근 달을 보더니 알았다는 듯이 고개를 끄덕이고 천으로 싼 물건을 조심스럽게 건네주었어요. 다음날 한 양을 떠난 농부는 다시 이레동안 걸어서 집으로 돌아왔어요. 농부 는 천으로 싼 물건을 아내에게 주었어요. 선물을 풀어본 아내는 갑 자기 소리를 질렀어요.

“에그머니나! 이게 뭐예요?”

농부는 깜짝 놀랐어요.

“왜 그러시오?”

“어떻게 딴 여자를 데려와서 선물이라고 해요?”

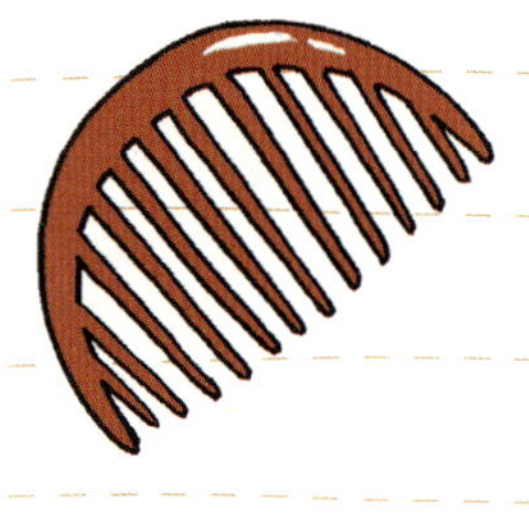

"여자라니? 난 당신이 말한 대로 저기 저 달처럼 생긴 걸 사왔단 말이요."

남편은 막 떠오른 반달을 가르키며 말했어요.

"하늘에 달은 반달인데 당신이 사 온 물건은 보름달처럼 둥글잖아요. 그리고 이 둥근 물건 속에 들어 있는 여자는 누구예요?"

농부는 아내가 들고 있는 둥근 물건을 휙 빼앗아 들여다보았어요. 그런데 둥근 물건 속에 화가 난 남자가 자기를 쳐다보고 있는 것이 아니겠어요.

"이놈! 넌 누구냐? 누군데 그 속에 들어 있어?"

달은 날마다 모양이 바뀌지요. 아내는 하늘에 떠있는 반달처럼 생긴 참빗을 사달라고 했어요. 하지만 일주일 뒤 농부가 한양에 왔을 때는 둥근 보름달로 바뀌있었어요. 농부가 달처럼 생긴 물건을 달라고 하자 주인은 보름달처럼 둥근 거울을 주었지요.

만약 아내가 하늘에 떠있는 반달을 가리킬 때 농부가 달 모양을 잘 살폈더라면 둥근 거울은 사지 않았을 거예요. 농부는 아마도 관찰력이 썩 좋은 사람은 아니었나 봐요.

관찰은 뇌를 똑똑하게 만든다

관찰력이 좋지 않은 사람은 대부분 똑똑하지 못해요. '관찰력이랑 머리가 좋은거랑 무슨 상관이야?'라고 생각할 수 있어요. 하지만 관찰은 뇌가 생각을 시작하는 출발이에요. 관찰력이 좋다는 것은 그만큼 뇌가 생각을 많이 한다는 뜻이지요.

우리는 새로운 것을 보면 '이건 뭘까?' 하고 궁금해 하지요. 궁금증을 풀려면 관찰을 해야 하고, 그때부터 우리 뇌는 바쁘게 움직이기 시작해요.

뇌는 관찰을 하기 위해 우리 몸을 이용해요.

눈으로 봐서 모양이나 색깔은 알아내고, 입으로 먹어서 맛을 알아내고, 코로 냄새는 맡아보고, 귀로 소리는 듣지요. 뜨거운지 차가운지는 손끝만 대보면 알아요. 우리는 날마다 시각, 미각, 후각, 청각, 촉각을 통해 많은 관찰을 하고, 관찰한 정보를 뇌에 저장합니다. 관찰해서 얻은 정보들을 종합해 처음 본 물건이 무엇인지 알아내고, 그 정보들을 기억하지요.

몸으로 직접 관찰하여 정보를 얻기도 하지만 다른 사람이 관찰하여 얻은 정보를 받기도 해요.

'새로 나온 아이시크림은 초코릿이 많이 들어가서 아주 달아. 그 게임에서 점수를 많이 얻으려면 무조건 속도를 빨리해야 돼.' 친구에게 들은 이런 말들도 모두 정보가 됩니다. 아이스크림을 직접 먹어보지 않아도, 게임을 직접 해보지 않아도 친구가 관찰해서 얻은 정보를 같이 얻게 되지요.

책을 읽거나, 텔레비전이나 컴퓨터를 통해서도 직접 관찰하지 않고도 정보를 얻기도 해요. 우주에 가보지 않아도 책에서 또는 텔레비전에서 우주에 대한 정보를 얻을 수 있는 것처럼 말이지요.

관찰은 우리 뇌가 계속 생각하고 움직일 수 있게 하는 힘입니다. 그러니 열심히 관찰해서 우리 뇌를 똑똑하게 만들어야 해요.

여러 가지 관찰법

다음 두 시계의 시간을 말해보세요.

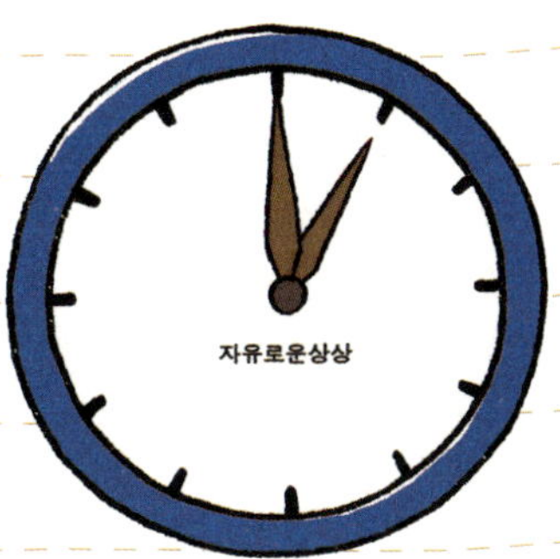

언뜻 보면 바늘이 가리키는 숫자가 같아서 같은 시간을 나타내

는 것처럼 보이지요. 하지만 잘 살펴보면 두 시계의 시간이 다른 것을 알 수 있어요.

첫 번째 시계는 짧은 바늘이 12, 긴바늘이 1을 가리키고 있으니 12시 5분입니다. 두 번째 시간은 짧은 바늘이 1, 긴바늘이 12를 가리키고 있으니 1시입니다.

두 시계의 짧은 바늘과 긴바늘이 다르다는 것을 알아 내지 못했다면 시간을 바르게 말하지 못했을 거예요.

관찰력이 좋으면 공부도 잘 할 수 있어요. 관찰력이 없다면 위의 시계보기 문제는 틀렸을 거예요. 관찰력을 기르려면 어떻게 해야 할까요?

어렸을 때 같은 그림 찾기, 다른 곳 찾기, 숨은 그림 찾기 같은 놀이를 많이 했을 거예요. 이 놀이들은 관찰력을 기르는데 아주 좋아요.

여러 장의 그림 중에 똑같은 그림을 찾는 그림 찾기나, 비슷한

두 그림 중에서 다른 부분 찾아내는 '다른 곳 찾기'는 꼼꼼하게 관찰하고 비교하는 능력을 길러주지요. '숨은 그림 찾기'는 그림 속에 숨겨진 여러 가지 사물을 찾아내는 놀이에요. 이 놀이도 집중해서 관찰할 수 있는 능력을 길러주지요.

그림을 이용하는 놀이는 눈으로 하는 관찰하지요. 이번에는 여러 가지를 함께 관찰할 수 있는 놀이를 알아보기로 해요.

'밀가루, 설탕, 모래'

위의 세 가지의 공통점은 무엇일까요?

우리는 관찰을 통해 '밀가루, 설탕, 모래'에 대한 많은 정보를 가지고 있어요. 색이나, 맛이나 냄새, 소리, 촉감은 모두 다릅니다. 밀가루나 설탕은 먹을 수 있지만 모래는 먹지 못해요. 밀가루 설탕은 사람이 농사를 지어 공장에서 만들지만 모래는 자연에서 얻는 것입니다. 세 가지 물질이 가지고 있는 특징들을 비교하다보면 세 가지 모두 가루라는 공통점을 찾아낼 수 있어요.

다음 세 가지의 공통점은 무엇일까요?

'농구, 배구, 야구'는 모두 공으로 하는 운동입니다.

'피자, 바퀴, 보름달'은 둥근 모양입니다.

이번에는 다음 두 가지의 차이점을 찾아볼까요.

'숟가락과 국자' 모두 음식을 푸는데 사용하는 주방용품입니다. 하지만 크기가 다릅니다.

'고무신과 짚신' 고무신과 짚신은 모두 사람이 신는 신발이지만 고무신은 고무로 만들고 짚신은 짚을 엮어 만들었지요.

장난감, 학용품, 집 안에 있는 물건들을 가지고 비슷한 점과 다른 점을 찾아낼 수 있어요. 특별히 준비해야 할 것도 없고 시간이 많이 필요하지도 않아요. 가족들과 함께 주위에 있는 물건들을 이용해 비슷한 점과 다른 점을 찾아보세요.

　이렇게 여러분이 어떤 것들을 관찰하고, 서로 비교하는 동안 여러분의 뇌는 점점 더 똑똑해질 거예요.

　집에서 학교까지 가는 길에 어떤 상점들이 있는지 생각해 보세요. 물론 기억력이 나빠서 생각나지 않을 수도 있지만 기억력보다는 관찰력이 부족해서 기억하지 못할 때가 더 많아요. 내일은 집에 오는 길에 어떤 상점들이 있는지 살펴보고 오세요.

　엄마, 아빠 얼굴에 점이나 흉터가 있나요? 날마다 보는 엄마 아빠 얼굴이지만 잘 모르겠지요. 짝꿍이 오늘 어떤 옷을 입었었는지 기억나나요? 여러분이 매일 들고 다니는 책가방을 한번 그려보세요. 색깔이나 모양 무늬 정확하게 알고 있나요?

　이런 작은 일부터 정확하게 관찰하는 연습을 하면 여러분의 관찰력은 틀림없이 좋아질 거예요.

셜록 홈즈처럼 생각하자

“왓슨 이쪽이네. 시간이 많지 않아!”

홈즈와 왓슨은 납치된 소녀를 구하기 위해 좁은 골목을 따라 뛰었습니다. 그 뒤로 스톡 경감과 톰 순경도 정신없이 달렸지요. 막다른 길까지 달려온 홈즈 일행 앞에 커다란 철문이 나타났어요.

“20분도 채 남지 않았어. 시간 안에 철문을 열지 못하면 소녀는 죽고 말 거야.”

스톡 경감은 몸으로 철문을 힘껏 밀었지만 꿈쩍도 하지 않았습니다.

"잠깐, 스톡 경감 여기를 보시오."

홈즈가 가리키는 바닥에는 쪽지가 붙어있는 조그마한 상자 세 개와 '홈즈에게'라고 쓰여진 편지가 한통 놓여 있었습니다. 홈즈는 편지를 읽었어요.

상자에 붙은 쪽지에 적힌 글은 모두 거짓이다. 하지만 모든 상자에는 물건이 하나씩 들어 있다. 단 첫 번째 연 상자에 철문의 열쇠가 들어있지 않으면 다른 상자들은 폭발할 것이다. 그렇게 되면 철문의 열쇠는 망가지고 시간 안에 철문을 열 방법은 사라진다.

"이런 장난에 망설일 시간이 없소. 내 느낌에는 3번

같은데 3번 상자를 열어봅시다. ”

스톡 경감이 3번 상자에 손을 대자 톰 순경이 말렸습니다.

“경감님 3번 상자에 열쇠가 없다면 폭탄이 터져 열쇠가 망가집니다. 그럼 시간 안에 철문을 열지 못합니다. ”

왓슨은 당황해서 소리를 질렀습니다.

“홈즈 뭔가 좋은 생각이 없나?”

다른 사람들은 어찌할 바를 몰랐지만 홈즈는 침착하게 상자에 붙은 쪽지들을 쳐다보았어요.

상자 1 에는 철문의 열쇠가 들어 있다.

상자 2 에는 소녀의 머리핀이 들어 있다.

상자 3 에는 열쇠 또는 소녀의 구두가 들어 있다.

몇 번째 상자 안에 열쇠가 들어 있을까요? 여러분이 셜록 홈즈가 돼서 생각해 보세요.

72

일단 상자 안에 '열쇠, 머리핀, 구두' 중 하나의 물건이 들어 있다고 했어요. 그런데 쪽지의 글은 모두 거짓이라고 했어요. 차근차근 따져볼까요?

[상자 1 에는 철문의 열쇠가 들어 있다.]라고 했어요. 이 글은 거짓이고 상자에 물건이 하나씩 들어 있다고 했으니까 상자 1 에는 머리핀이나 구두 둘 중에 하나가 들어 있어요. 결국

→ [상자 1 에는 머리핀이나 구두 중 하나가 들어 있습니다.]

[상자 2 에는 머리핀이 들어 있다.]라고 했지만 이 글도 거짓이지요. 그리고 상자 2 에는 물건이 하나만 들어 있다고 했으니 상자 2 에는 열쇠 또는 구두가 들어 있지요.

→ [상자 2 에는 열쇠나 소녀의 구두 중 하나가 들어 있습니다.]

[상자 3 에는 열쇠 또는 소녀의 구두가 들어 있다.]고 했지만 거짓말이에요. 그런데 열쇠 또는 소녀의 구두라고 했으니 상자 1 , 상자 2 의 경우와 달라져요. 상자에 물건 하나가 들어 있다고 했으니 열쇠나 구두 중에 하나가 들어있을 경우를 생각해야 해요.

[상자 3 에는 열쇠 또는 소녀의 구두가 들어 있다.]는

'상자 3 에는 열쇠가 들어 있다.',

'상자 3 에는 소녀의 구두가 들어 있다.' 이렇게 두 개의 문제가 되지요.

1. '열쇠가 들어 있다'가 거짓이면 ➞ [상자에는 머리핀이나 구두가 들어 있어요.]

2. '구두가 들어 있다'가 거짓이면 ➞ [상자에는 머리핀이나 열쇠가 들어 있어요.]

1번 경우와 2번 경우를 만족하는 머리핀이 상자 3 안에 들어 있어요. 상자 3 에 머리핀이 들어 있어야 '열쇠 또는 구두가 들어 있다'가 거짓이 되지요. 그래서

➞ [상자 3 에는 머리핀이 들어 있어요.]

상자 3 에 머리핀이 들어 있다면, 상자 1 에는 머리핀이 들어 있을 수 없고 구두가 들어 있지요. 그럼 마지막으로 상자 2 에는 열쇠가 들어 있어요. 따라서 '열쇠는 상자 2 에 들어 있지요.' 상자 2 에 들어 있는 열쇠를 꺼내 철문을 열고 소녀를 구해내면 됩니다.

셜록 홈즈는 이번 사건도 멋지게 해결했을 거예요.

홈즈는 날카로운 관찰력으로 사건에 관계된 모든 정보를 모읍니다. 그리고 그 정보들로 추리를 해서 범인을 밝혀내지요.

이처럼 주어진 정보들 이용해서 새로운 의미를 알아내는 것을 '추리'라고 합니다. 추리를 할 때 중요한 것은 첫 번째 정확한 정보를 모아야한다는 것이에요. 잘못된 정보라면 제 아무리 홈즈라 해도 잘못된 추리를 할 수밖에 없어요. 두 번째 얼마나 논리적으로 하는 것입니다.

'몇 번 상자에 열쇠가 있을까?'라고 물었을 때 '그냥 느낌이 딱 와서' 또는 '상자 모양이 특이해서'라고 대답한다면 사람들은 믿지 않을 거예요.

'편지와 쪽지의 글을 살펴보니 이런 저런 이유로 2번 상자에 열쇠가 있다.'라고 말한다면 사람들은 고개를 끄덕일 거예요.

'논리적으로 생각하기'는 분명 쉽게 금방 할 수 있는 것은 아니지만 정확한 정보들에서 이유를 찾아내는 연습을 꾸준히 하면 논리와 분명히 가까워질 수 있어요.

좋은 긴장, 나쁜 긴장

100m 달리기를 하는 날.

출발선에 서서 결승점에 팽팽하게 쳐져있는 흰 테이프를 보며 두 주먹을 불끈 쥐고, '땅!' 하는 출발 소리만을 기다릴 때를 떠올려보세요. 심장은 두근두근 평소보다 더 빨리 뛰고, 머릿속은 '잘 달려야 한다.'는 생각밖에는 없지요. '땅!' 하는 출발 소리를 듣기 위해 귀를 바짝 세웁니다. 마침내 '땅!' 하는 소리가 들리면 정말 있는 힘을 다해 결승점까지 집중해서 달려갑니다.

두근두근 심장이 터질 것 같은, 머릿속을 꽉 채운 '잘 달리자'

라는 긴장감이 없다면 그리 열심히 달리지 않을 거예요. '땅'소리가 나도 천천히 출발하고, 달리다가 화장실에 가거나 물을 마시거나 친구와 이야기를 할지도 몰라요.

'자동차에 깔린 아이를 구하기 위해 차를 번쩍 들어 올린 엄마', 이런 기사를 가끔씩 읽게 됩니다. '정말 사람이 이런 일을 할 수 있을까?'라는 의문이 들지요. 그런데 사람의 몸은 긴장하거나 또는 극한 상황에 처하면 이렇게 괴력을 발휘하기도 해요.

우리 몸의 근육이나 뼈는 견딜 수 있는 한계가 있어요. 어른의 허벅지 뼈는 최대 1,000kg까지 견딜 수 있지만, 갑자기 너무 강한 힘을 내거나 견디다 보면 근육이 찢어지고, 뼈가 부러지지요. 그래서 뇌는 몸을 지키기 위해서 근육이나 뼈가 힘을 내지 않도록 조절해요. 하지만 긴박한 상황이 되면 우리 몸은 뇌의 조절 능력을 뛰어 넘는 평소보다 훨씬 강한 힘을 내지요.

　　100m 달리기를 할 때 최선을 다해 달리는 것도 뇌가 긴장했기 때문이에요.

　　'기회가 단 한번 밖에 없다.'거나 '당장 해결해야해.' 이런 일이 생기면 평소보다 더 열심히 더 잘하게 되는 경우가 있어요. 뇌가 긴장에서 평소보다 훨씬 활발하게 움직이기 때문이지요.

　　다음 날 수학 시험을 보는데 '시험을 보든 말든 나랑 상관없어'라고 생각했다면 당연히 공부를 하지 않겠지요. 그럼 시험을 잘 볼 수도 없어요.

　　'시험 잘 볼 수 있을까? 시간이 얼마 없어. 빨리 공부해야지' 이렇게 불안하고 긴장하면 책을 펴고 공부를 하게 되지요. 긴장감이 높을수록 더 열심히 할 거예요.

　　'잘할 수 있을까?, 잘 해야 하는데!' 같은 불안감이나 긴장감이 없다면 우리는 어떤 일

도 열심히 하지 않을 거예요. 시험은 싫은 일이지만 시험을 볼 때는 긴장이 되고 긴장감이 생겨야 공부에 집중할 수 있어요. 긴장감은 열심히 공부하게 하고 뇌가 더 활발하게 움직이게 만들어 줍니다.

긴장감은 우리 뇌를 활발하게 움직이게 해줍니다. 그래서 공부가 더 잘되게 하고 어떤 문제를 해결할 때 더 많은 능력을 발휘 할 수 있는 힘이 됩니다. 가끔은 반대의 경우도 있어요. 너무 긴장하면 무엇을 해야 할지 몰라 우왕좌왕하게 되고, 잘 알고 있던 것도 기억이 나지 않을 때가 있어요. 긴장감이 너무 커서 뇌가 조절하지 못하기 때문이에요.

콜라를 컵에 따를 때 적당한 거품이 생기면 더 시원하고 맛있어 보입니다. 그렇다고 많은 거품을 만들기 위해 콜라 병을 막 흔들면 뻥 터져버리지요.

뇌의 움직임을 방해하는 것은 나쁜 긴장을 뇌가 활발하게 움직일 수 있는 좋은 긴장으로 바꿔야 해요. 긴장을 하면 심장을 빨리 뛰게 하는 호르몬이 나옵니다. 그런데 심장이 빨리 뛰면 뛸수록 뇌의 긴장도 높아지기 때문에 빨리 뛰는 심장을 진정시켜야 해요. 심장은 숨을 들이쉴 때는 빨리 뛰고, 숨을 내쉴 때는 뛰는 횟수가 줄어들어요.

심장을 좀 천천히 뛰게 해서 긴장을 풀려면 숨을 내쉬어야해요. 보통 심호흡을 할 때 먼저 숨을 들이마시는데 긴장감을 조절하려면 반대로 먼저 숨을 내쉬어야 해요.

되도록 천천히 더 이상 내쉴 숨이 없다고 느껴질 때까지 숨을 내쉬면 바로 자동적으로 폐가 공기를 들이 마십니다. 다시 천천히 숨을 내쉬세요. 이렇게 여러 번 천천히 반복하세요. 또 따뜻한 물을 천천히 마시는 것도 긴장을 푸는 방법이에요. 따뜻한 컵을 두 손으로 꼭 쥐고 후후 부는 동안 뇌가 문제를 잠깐 잊을 수 있지요.

내일 당장 시험을 보는데 너

무 긴장이 돼서 집중이 안 된다면 향기나 소리를 이용해 보는 것도 좋아요. 라벤더나 로즈마리 같은 향기는 긴장감을 풀어주고 집중력을 높여 주지요.

파도 소리나 물 흐르는 소리, 새 소리, 바람 소리 같은 자연의 소리는 긴장감을 풀어주고 집중하는데 도움이 되지요.

집중력이 핵심이다

옛날 중국의 양나라를 다스리는 무제라는 왕이 있었어요. 왕은 왕자들을 가르치기 위해 한자 1,000자를 모았어요. 하지만 왕자들이 한자를 잘 외우지 못해 왕은 걱정이었어요.

그때 '주흥사'라는 학자가 큰 죄를 짓고 잡혀 왔어요. 주흥사가 지은 죄는 사형을 당해야 마땅한 것이었어요, 하지만 황제는 주흥사를 죽이고 싶지 않았어요. 황제는

'어떻게 하면 주흥사를 살릴 수 있을까?'

고민했어요. 곰곰이 생각하던 황제는 마침내 입을 열었어요.

“지금 당장 네 목을 베어야 마땅하다. 허나 목숨을 구할 한 번의 기회를 주겠노라. 지금이 정오이니 내일 정오까지 딱 하루의 시간을 줄 것이다. 여기 있는 1,000개의 한자로 글을 지어라. 단 한글자도 겹치지 않아야한다. 네가 성공하면 목숨을 살려 줄 것이다.”

황제는 주흥사 앞에 왕자들을 가르치기 위해 모아두었던 한자 1,000개가 적힌 책을 던져 주었어요. 1,000개의 한자를 딱 한 번씩만 써서 문장을 만든다는 것은 절대 쉬운 일이 아니지요. 하지만 주흥사는 자기 목숨을 구하기 위해 밤새 열심히 문장을 만들었어요.

밤이 지나고 정오가 되자 주흥사는 황제 앞으로 다시 끌려왔어요. 그런데 끌려온 주흥사를 보고 사람들이 깜짝 놀랐어요. 까맣던 주흥사의 머리카락이 하얗게 변해 있었어요. 황제도 깜짝 놀랐지만 마음을 가다듬고 말했어요,

“네가 실패했다면 당장 네 목

을 벨 것이다. 그럼 네가 지은 문장을 한 번 보자.”

　주흥사는 밤새 지은 책을 황제 앞에 내놓았어요. 그 책이 바로 우리가 알고 있는 ‘천자문’이지요. 천자문에는 황제의 명령대로 1,000개의 한자가 딱 한 번씩만 등장하지요.

　만약 여러분이 똑같은 글자를 하나도 쓰지 않고 일기를 써야한 다면 정말 힘들 거예요. 그런데 주흥사는 하루 동안 그 일을 해냈 어요. 얼마나 어려웠으면 머리가 하얗게 세었을까요?

　머리카락이 하얗게 셀 정도로 힘들었지만 황제가 낸 숙제를 멋 지게 성공시킨 것은 목숨이 걸려있었기 때문일 거예요. 목숨이 달 린 일이니 아무리 어려운 일이라도 최선을 다했을 거예요. 너무 열 심히 하느라 배가 고프지도, 밤에 잠도 오지 않았을 거예요.

　어떤 일을 할 때 다른 것에는 방해 받지 않고 하고 있는 일에만 온 정신과 힘을 쏟아 최선을 다하는 것을 ‘집중한다’고 해요.

　공부할 때도 엄마가 “집중 좀 해. 집중을 안 하니까 모르지! 그렇게 집중력이 없으니 공부를 못하는 거야.”라는 말을 자주 하시지요. 주위에서 방해를 하더라도 하고 있는 일을 오랫동안 지속할 수 있어야 집중력이 높다고 말해요.

집중력이 좋은 사람은 시간 안에 다른 사람보다 더 많은 공부를 할 수 있어요. 그러니 공부 뿐아니라 모든 일에 집중력이 있으면 성공할 수 있어요.

좋아하는 일을 할 때는 집중력이 높다

지겨운 일, 하기 싫은 일을 할 때는 시계를 자꾸 쳐다봅니다. ‘왜 이렇게 시간이 안가나?’ 하고요. 눈에 보이는 것들은 모두 만져보고, 작은 소리에도 고개를 번쩍 들고, 엄마가 무슨 반찬을 하나 냄새도 맡아보고, 오늘 친구랑 싸운 일도 생각해 보고……

하지만 반대로 좋아하는 컴퓨터 게임이나 텔레비전 프로그램을 보고 있으면 누가 불러도 잘 들리지 않아요. 게임만 텔레비전만 눈에 들어와서 머릿속에 다른 생각들은 떠오르지 않아요. 시간도 빨리 흘러서 마치 시계 바늘에 다리가 달려 뛰어간 것 같아요. 그래서 10분 정도 지난 것 같은데 벌써 1시간이나 지나가 버리기도 해요.

집중을 잘할 수 있는 가장 좋은 방법은 좋아하는 일을 하는 거예요. 즐겁고 재밌는 일은 저절로 집중이 되니까요. 누가 시키지 않아도, '집중해야지' 하고 결심을 하지 않아도 자기도 모르게 집중하게 됩니다. 하지만 평소에는 재미없는 일, 하기 싫은 일을 할 때가 더 많아요.

집중력도 연습이다

'하기 싫은데 어떻게 집중할 수 있어?'

물론 하기 싫은 일에 집중하는 것은 쉽지 않지만 집중력도 연습을 하면 높아져요. 연습을 해봐요.

먼저 짧은 시간 집중하는 연습부터 시작해요.

'10분 동안 수학문제를 10개 외우기, 10분 동안 영어 단어 20개 외우기, 10분 동안 동화책 열심히 읽기'처럼 시간을 정하고 그 시간 동안 해야 할 일을 정해요. 그럼 뇌는 10분이란 시간 동안에는 주어진 일을 해결하기 위해 집중하지요.

여러 번 반복해서 10분 동안 집중하는 일이 쉬워졌다면 시간을 20분으로 늘리는 거예요. 시간이 늘어나면 해내야하는 일의 양도 늘려야 해요. 이렇게 자꾸자꾸 집중해야할 시간과 일의 양을 늘리는 거예요.

아이큐 검사라고 불리는 지능지수를 검사할 때도 집중력을 봅니다. 문제를 풀 때 얼마나 오랫동안 집중해서 빨리 많이 푸는지를 살펴지요. 문제를 빨리 풀고, 오랫동안 집중할 수 있는 사람이 당연히 아이큐도 높아요. 그러니 꾸준히 집중력을 기르는 연습을 해서 똑똑한 뇌를 만들어요.

집중력을 높이기 위한 몇 가지 방법

“이번 시험에 평균 90점 이상 맞으면 네가 갖고 싶은 거 뭐든지 사줄게.”

엄마 아빠가 이런 약속을 하면 기대감도 생기고, 시험을 잘 봐야지 하는 각오도 하게 되지요. 시험 공부하는 동안 힘들고 어려울 때마다 선물을 생각하면 다시 힘이 나기도 해요.

그런데 엄마 아빠가 시험을 잘 보든 못 보든 별 관심이 없다면 어떨까요? 힘들고 재미없는 시험 공부를 열심히 하고 싶지 않을 거예요.

정확한 목표는 어렵고 힘들 때 참고 견딜 수 있는 힘이 되지요. 목표를 이루고야 말겠다는 그 마음이 지칠 때 다시 집중할 수 있게 만들어 줍니다.

우리 뇌는 목표가 있으면 열심히 움직이지요. 하지만 목표가 없으면 뇌는 열심히 움직이지 않아요. 어떤 일을 하는 동안 뇌가 집중하게 만들려면 목표를 자세하게 세워야 해요. 그 목표를 큰 글씨로 써서 눈에 잘 보이는 곳에 붙이세요.

'수학 문제집 하루에 5장 씩 풀기.'

'매일매일 책 한 권씩 읽기.'

'영어 테이프 1시간씩 듣고 단어 5개씩 외우기.'

'줄넘기 하루에 100개씩 하기.'

자세한 목표를 세우고 자꾸자꾸 보면 해내야 한다는 마음도 생기고 집중도 되지요.

‘백기 청기’라는 게임이 있어요.

한손에는 하얀 깃발 다른 한손에는 파란 깃발을 듭니다. 두 팔을 앞으로 나란히 하듯 쭉 뻗어요. 그리고 앞에 있는 사람이 명령을 내립니다.

‘빨간 깃발 올려’라는 명령을 하면 깃발을 든 사람은 빨간 깃발을 든 팔을 번쩍 들었다가 다시 앞으로 쭉 뻗습니다. ‘파란 깃발 올리지 마’라는 명령을 받으면 깃발을 든 사람은 파란 깃발을 든 팔을 올려서는 안되지요.

명령을 내리는 사람은 일정한 속도로 계속 명령을 내립니다.

“하얀 깃발 올려, 파란 깃발 올려, 파란 깃발 올려, 하얀 깃발 내려, 파란 깃발 올리지 마, 파란 깃발 들고 빨간 깃발 내려.”

깃발을 든 사람은 명령어에 따라 움직이면 됩니다.

이 게임을 잘하려면 먼저 명령어를 끝까지 잘 들어야 해요. 당황하지 않고 끝까지 명령어를 잘 들었다면 좋은 긴장을 했다는 뜻이지요.

좋은 긴장을 하면 집중력이 높아져서 명령어를 잘 들을 수 있어요. 명령어대로 틀리지 않고 오랫동안 게임을 한다면 그만큼 집중하는 시간이 길다는 뜻도 됩니다.

귀로 듣는 집중력 좋은 사람은 학교 공부를 잘 할 수 있어요. 공부 잘하는 학생들은 학교 수업을 열심히 들었다고 대답해요. 학교에서 선생님은 주로 말로 가르쳐주십니다. 귀롤 듣는 집중력이 좋다는 것은 곧 선생님의 설명을 잘 듣고 머릿속에 기억한다는 뜻이지요.

여러분도 집에서 가족들과 함께 '백기 청기'게임을 해보세요. 간단하지만 재밌고 집중력을 올릴 수 있는 방법이지요.

텔레비전을 보면서도 집중력을 높일 수도 있어요. 눈을 감고 귀를 쫑긋 세우고 소리만 들어보세요. 텔레비전 화면을 눈으로 볼 수 없으니까 잘 듣기 위해 더 집중할게 될 거예요.

귀로하는 집중력 훈련은 효과가 아주 좋아요. 소리는 한번 지나

가면 다시 들을 수 없어요. 기회가 단 한번 뿐이기 때문에 뇌는 더 긴장하고 집중하지요.

집중력은 다른 일에 방해를 받지 않고 한 가지에만 힘을 쏟는 것이에요. 하지만 처음부터 수변에서 일어나는 일들을 무시하기란 쉽지 않아요. 먼저 공부하기 전에 집중에 방해가 될 만한 것들은 치워주는 게 좋아요.

공부하는 방이나 책상 위를 정리정돈하세요. 책상 위에는 공부와 관계있는 것만 올려놓으세요. 시끄러운 소리는 없는지, 바람은 잘 통해서 공기가 탁하지는 않는지, 너무 덥거나 춥지는 않는지 또 불빛은 책을 읽는데 적당한지 잘 살펴보세요.

집중력을 높이기 위해서는 몸의 준비도 필요해요. 너무 배가 고프면 몸에 힘이 없듯이 뇌가 잘 움직이지 않아요. 반대로 배가 너무 부르면 소화시키느라 머리의 움직임이 둔해 지지요. 과식하지 않게 밥을 먹고 30분 후부터 공부를 하면 집중력을 높일 수 있어요.

좋아하는 일을 할 때는 저절로 집중되지요. 공부를 시작하기 전에 스스로에게 이렇게 얘기하는 거예요.

"나는 지금부터 공부를 시작할거야. 나는 공부가 너무 재밌어. 너무 좋아. 나는 공부를 너무 잘해. 난 공부를 열심히 해서 꼭 시험을 잘 볼 거야."

언제 집중이 잘 되지는 알아보는 것도 좋아요. 어떤 사람은 아침에 집중력이 높을 수 있고 어떤 사람은 밤에 뇌가 더 잘 움직일 수 있어요. 공부는 얼마나 오래하는가 보다 얼마나 집중을 잘 했느냐가 더 중요해요. 스스로 집중이 잘되는 시간이 언제인지 한번 찾아보세요.

경쟁상대를 만드는 것도 집중력을 높이는 좋은 방법이에요. 달리기를 할 때 혼자 달리는 것보다 실력이 비슷한 선수와 함께 달리면 더 빨리 달릴 수 있어요. 공부도 마찬가지랍니다. '누구누구 보다는 더 잘 하겠다'고 생각하면 힘이 솟기도 하지요.

아래의 그림은 '스토쿠'라는 게임이에요. 가로 4칸 세로 4칸. 모두 16칸이 있어요. 어떤 칸에는 숫자가 크게 쓰여 있고, 어떤 칸은 비어 있지요. 여기까지 보고 스토쿠가 어떤 게임인지 눈치 챘나요? 비어있는 칸에 들어갈 알맞은 숫자를 찾는 게임이에오.

모든 게임에는 규칙이 있어요. 물론 스토쿠에도 규칙이 있지요.

❶ 가로 네 칸에 차례와는 상관없이 [1, 2, 3, 4] 숫자가 한 번씩 들어간다.

❷ 세로 네 칸에 차례와는 상관없이 1, 2, 3, 4 숫자가 한 번씩 들어간다.

❸ 굵은 선으로 묶여있는 네 칸에도 1, 2, 3, 4 숫자가 한 번씩 들어간다.

A칸에는 어떤 숫자가 들어갈까요? 세로의 첫 번째 줄(왼쪽에서부터)에는 [2, (빈칸 A), 1, 4]가 있어요. 1부터 4까지 숫자가 중에 숫자 3이 빠져 있으니 (빈칸 A)에 '3'이 들어갑니다.

다음은 (빈칸 B)에 들어갈 숫자를 찾아볼까요? 가로의 첫 번째 줄(위에서부터)에는 [2, (빈칸 B), 4, 3]이 있어요. 1부터 4까지 가운데 빠진 숫자는 1이지요. 따라서 B에 들어갈 숫자는 1입니다.

세로 세 번째 줄을 보면 [4, (빈칸 E), 3, 1] 있고, 숫자 2가 빠져 있어요. 자연히 빈칸 E에는 숫자 2가 들어갑니다.

(다) 칸을 보면 [4, 3, (빈칸 E-2), (빈칸 F)]가 모여 있어요.
빠진 숫자는 1이에요.

빈칸 A, B, E, F의 빈칸에 숫자를 넣었어요.

이번에는 (빈칸 C, D)가 있는 세로 두 번째 줄을 살펴보기로 해요. [1, 4, (빈칸 C), (빈칸 D)]에는 2와 3이 들어가면 됩니다. 그런데 빈칸 C 의 오른쪽에 숫자 3이 있으니 (빈칸 C)에는 숫자 2가 들어가야 해요. 만약 빈칸 C에 3이 들어가면 가로 세 번째 줄에 [1, 3, 3, (빈칸 G)가 있게 됩니다.] 그러면 가로줄에 숫자 3이 두 번 들어가기 때문에 규칙에 어긋나지요.

자연히 빈칸 G에는 4가 들어가고 빈칸 H에는 1이 들어갑니다.

우리가 풀어 본 스토쿠는 가장 쉬운 것이에요. 이것을 풀고도 '머리에 쥐 날 것 같아.' 라고 소리 친 친구가 있나요? 스토쿠는 우리 뇌를 많이 쓰게 하는 아주 좋은 게임이에요. 스토쿠에 관한 책이 많이 나와 있으니 직접 하다보면 머리가 좋아지는 것을 느낄 수 있을 거예요. 게임을 하는데 어떻게 머리가 좋아지냐구요? 대부분의 보드게임들은 단지 즐겁기 위해 만들어진 것이 아니에요. 게임을 하는 동안 즐겁기도 하지만 그만큼 많은 생각을 하게 됩니다.

바둑은 중국 최초의 황제에 속하는 요임금님이 어리석은 아들을 가르치기 위해 만들었다고 해요. 또 4000년 전에 인도에서 시작된 장기는 왕이 현명한 신하에게 만들도록 한 게임이라고 전해지지요. 왕은 집중해서 많이 생각 하고, 미래를 예측할 수 있는 능력을 기를 수 있는 게임을 만들라고 했대요. 바둑과 장기 모두 우리 뇌를 똑똑하게 만드는 게임이었던 것이지요.

요즘에는 다양한 보드게임들이 많이 나와 있어요. 가로, 세로, 대각선으로 다섯 개의 바둑알을 먼저 놓으면 이기는 오목게임은 간단하게 할 수 있어요. 카드만 있으면 할 수 있는 게임도 있어요. 또 퍼즐을 맞추기도 뇌를 훈련하는 좋은 놀이랍니다.

메모는 나의 힘, 또 다른 뇌

메모하기

레오나르도 다빈치는 인류 역사상
가장 똑똑한 사람 가운데 한사람으로 뽑힙니다.
그런데 레오나르도 다빈치는 많은 메모를
남긴 사람으로도 유명해요.
그가 남긴 노트에는 평소의 생각과
그가 연구한 내용들이 빼곡히 쓰여 있어요.

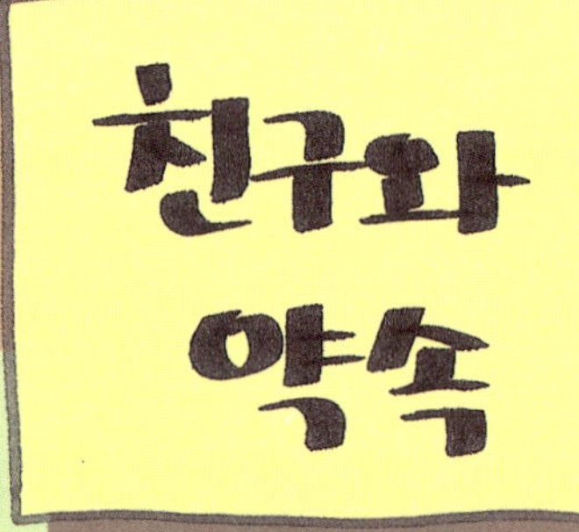

요점 정리
엄마 생일
오늘의 할 일
운동회 준비물

메모는 나의 힘

　　동철이는 내일 친구들에게 '단군 신화' 이야기를 들려주어야 해요. 혼자 책으로 읽을 때는 재밌는 이야기였는데 막상 반 친구들 앞에 서서 이야기할 생각을 하니 떨렸어요. 이야기를 잊어버리지나 않을지, 이야기를 뒤죽박죽으로 만들지 않을지 걱정이에요.

　　"달달 외우면 잊어버리지 않겠지."

　　그래서 이야기책을 소리 내서 읽기 시작했어요.

　　"옛날 하늘에 살고 있던 환인의 아들 환웅은 인간을 돕고 싶었습니다. 환인은 그런 아들의 뜻을 알고 땅으로 내려갈 것을 허락

했어요. 그래서 환웅은 바람과 비와 구름을 다스리는 '풍백, 우사, 운사'와 3,000명의 무리를 이끌고 태백산 신단수 아래로 내려왔어요. 환웅은 그곳에 신단을 짓고 하늘에 제사를 지낸 뒤 사람들을 다스리기 시작했어요.

그때 사람이 되고 싶은 곰과 호랑이가 환웅을 찾아 왔어요. 환웅은 곰과 호랑이에게 동굴에 들어가 마늘과 쑥을 먹으며 100일 동안 기도하라고 했어요. 하지만 호랑이는 참지 못하고 동굴을 뛰쳐나가 버렸지요. 곰은 동굴에 들어간 지 21일 만에 여자로 변했어요.

여자로 변한 곰은 웅녀라는 이름을 얻었어요. 웅녀는 아이를 갖고 싶었지만 아무도 웅녀와 혼인하려고 하지 않았어요. 환웅은 사람으로 변해 웅녀와 혼인을 했고, 웅녀는 얼마 뒤 아들을 낳았답니다.

이 아들이 바로 '단군왕검'이십니다. '단군왕검'은 우리 민족 최초의 나라인 고조선을 세우셨습니다. 평양에 도읍을 정한 '단군왕검'은 '널리 인간을 이롭게 한다.'는 '홍익인간'의 정신으로 고조선을 다스리셨습니다. '단군왕검'은 그로부터 1500년 동안 고조선을 다스렸다고 합니다."

동철이는 책을 덮고 '단군
신화'를 외워보았지만 뜻대
로 되지 않아 속이 상했어
요.

"어떻게 하면 친구들
앞에서 멋지게 이야기를 할
수는 있을까?"

동철이를 위한 메모

동철이를 도와줄 좋은 방법이 있어요. 바로 메모를 하는 것이지
요.

이야기를 하다가 잊어버리면 어떻게 할까요? 책을 펴고 어느 부
분을 잊어 버렸는지 얼른 찾을 수 있을까요?

간단하게 메모를 해놓으면 이야기를 할 때도 도움을 받을 있어요.
이야기를 하는 중간 중간 메모를 보면서 잘 할고 있는지 확인할 수
있고, 이야기를 잊어버려도 빠진 부분을 금방 찾을 수 있지요.

환인의 아들 환웅 인간을 돕기 위해 땅으로 내려온다.

곰과 호랑이가 사람이 되고 싶어 하지만 곰만 웅녀가 된다.

웅녀와 환웅이 결혼 '단군왕검'을 낳았다.

'단군왕검'은 우리 민족 최초의 나라인 고조선을 세우셨다

'널리 인간을 이롭게 한다.'는 홍익인간의 뜻을 가지고 나라를 다스

린다.

단군신화의 중요한 이야기들을 간단한 메모로 정리하는 거예요. 메모에 익숙해지면 더 간단하게 [환웅, 웅녀, 단군왕검, 고조선, 홍익인간]처럼 간단하게 할 수 있어요.

메모는 중요한 내용을 간단하게 적어 놓는 것이 좋아요. 하지만 시간이 흐른 뒤에 무슨 내용이었는지 이해하지 못하면 안 되겠지요. 자신만의 메모 방법을 만들어 보세요. 그림이나 기호를 함께 쓰면 더 재밌는 메모가 될 거예요.

메모를 잘하려면 어떤 것이 중요한지를 찾아낼 수 있어야 해요. 별로 중요하지도 않는 것만 잔뜩 적어 둔다면 메모를 할 필요가 없겠지요.

중요한 내용을 찾아내는 능력을 기르려면 책을 읽으면서 메모하는 연습을 하는 것이 좋아요. 책의 주제를 나타내는 단어나 문장, 주제와 관련된 중요한 단어와 문장, 꼭 기억해야하는 단어, 읽으면서 기억에 남는 점 등을 책의 여백에 적으면서 읽어요. 메모를 하면서 책을 읽으면 더 잘 이해할 수 있고, 기억도 잘 되고, 시간이 지난 뒤에 보면 기억을 되살리는데도 도움이 되지요.

책을 읽으면서 중요한 내용을 찾아내는 연습을 했다면 들으면서 메모하는 연습을 해보아요.

공부의 달인들은 모두 수업시간에 선생님 말씀을 열심히 들었다고 말하지요. 앞에서도 이야기했듯이 수업시간에 집중해서 듣는 것은 곧 공부의 기초가 되지요.

집중해서 들으면서 메모까지 한다면 최고의 효과를 볼 수 있어요. 그렇다고 수업시간에 선생님이 하신 말씀은 정말 중요하니까

전부 받아 적으면 오히려 공부에 방해가 됩니다. 우리의 뇌는 선생님의 말을 듣고 이해하고 기억하는 것보다 손을 움직이는데 더 많은 에너지를 쓰게 됩니다. 그러니 꼭 중요한 단어나 요점을 찾아서 적어야 해요.

잊어버려도 괜찮아!

　병에 걸린 용왕님을 살릴 수 있는 방법은 오직 '토끼의 간' 뿐입니다. 용왕님의 목숨을 구해야하는 중대한 임무를 띤 거북이는 두 주먹을 불끈 쥐고 육지로 떠나기 위해 준비를 했어요.

　"거북아, 이제까지 너는 바다에서만 살아서 토끼를 한 번도 본 적이 없을 거야. 그러니 설명을 잘 듣고 잊어버리지 않도록 조심해라. 토끼란 짐승은 온 몸이 털로 덮여 있고, 네 개의 다리가 있어. 꼬리는 아주 짧은 대신 귀가 길단다. 풀을 뜯어 먹고 사는 짐승이니 풀밭 근처에 가면 만날 수 있을 거야."

"예, 알겠습니다. 제 목숨을 걸고라도 토끼를 용궁으로 데려오겠습니다."

거북이는 육지를 향해 헤엄치며 계속 중얼거렸어요.

"온몸의 털, 다리 네 개, 짧은 꼬리, 긴 귀, 풀을 뜯어 먹고……
온몸의 털, 다리 네 개. 짧은 꼬리, 긴 귀, 풀을 뜯어 먹고……."

거북이는 토끼를 한 번도 본 적이 없었기 때문에 토끼의 생김새를 잊어 버릴까봐 걱정이 됐어요. 드디어

육지에 도착한 거북이는 풀밭을 찾아 두리번거렸어요. 다행히 얼마가지 않아 넓은 풀밭이 보였어요. 그런데 저만치 짐승 한 마리가 풀을 뜯고 있었어요. 거북이는 조심조심 기어가며 풀을 뜯는 짐승을 찬찬히 살폈어요.

'풀을 먹고, 다리가 네 개고, 온 몸이 털, 짧은 꼬리. 긴 귀……바로 저거다.'

거북이는 상냥한 얼굴을 하고 다가갔어요.

"안녕? 정말 날씨 좋구나. 나는 거북이라고 해. 넌 이름이 뭐야?"

풀을 뜯고 있던 짐승은 고개를 들고는 거북이를 위 아래로 살펴보았어요. 거북이가 사나워 보이지 않자 씩 웃으며 말했어요.

"그래! 날씨 정말 좋지. 난 염소라고 해. 넌 처음 보는 것 같다."

거북이는 고개를 갸웃하며 속으로 생각했어요,

'염소라고? 이름이 염소였나? 두 글자였던 것 같긴 한데……생김새가 똑같으니 염소가 맞을 거야.'

거북이는 어떻게든 염소를 용궁으로 데려가야 한다고 다짐했어요. 그리고 어떤 방법으로 염소를 용궁으로 끌고 갈지 고민하기 시작했어요.

용왕님에게 필요한 것은 '토끼의 간'이에요. 그런데 거북이는 염소를 용궁으로 데려가려고 하네요. 거북이는 토끼의 생김새만 기억하느라 이름은 잊어버렸어요. 거북이가 '토끼'라는 두 글자만 적어 두었다면 이런 실수는 하지 않았을 거예요.

또 다른 뇌, 메모

사람들이 메모를 하는 이유는 간단해요. 잊지 않기 위해서예요. 기억력이 아무리 좋은 사람이라도 가끔씩 모든 일을 기억할 수는 없어요. 또 아주 사소한 일까지 우리 머릿속에 꼭꼭 기억해 둘 필요는 없어요.

다음날 준비물이나 숙제, 친구와의 시간 약속, 엄마 심부름 같은 일들은 전부 기억할 필요는 없어요. 이런 일들이 중요하지 않다는 얘기가 아니에요. 머릿속에 기억하고 있다가 깜빡 잊어버리기보다는 메모를 해두는 편이 훨씬 좋아요. 메모를 잘 사용하면 기억해야 한다는 부담을 줄일 수 있어요. 뇌의 부담감을 줄여주면 정말 기억해야 할 것들을 더 잘 외울 수 있어요.

다른 사람에게 인정받고 성공한 사람들은 대부분 시간 약속을 잘 지키고 메모를 잘한다는 공통점이 있어요. 시간을 잘 지킨다는 것은 성실하다는 뜻이고, 메모를 잘한다는 것은 지금 자신이 하는 일 해야 할 일이 무엇인지 잘 안다는 뜻이지요.

모든 것을 머릿속에 기억하려고 하기 보다는 메모의 도움을 받으세요. 다른 사람과의 약속, 지금 또는 미래에 해야 할 일, 잊지 말아야 할 일, 필요한 것들, 그때그때 곡 메모하는 습관을 기르세요. 메모는 그냥 종이에 적힌 글씨가 아니라 자신의 뇌를 도와주는 친구가 될 거예요.

레오나르도 다빈치는 인류 역사상 가장 똑똑한 사람 가운데 한 사람으로 뽑힙니다. 그런데 레오나르도 다빈치는 많은 메모를 남긴 사람으로도 유명해요. 그가 남긴 노트에는 평소의 생각과 그가 연구한 내용들이 빼곡히 쓰여 있어요. 다빈치가 예술, 과학, 철학 등 다양한 업적을 남길 수 있었던 것은 바로 메모하는 습관 덕분이라고 해요. 순간순간 떠오르는 생각들을 놓치지 않고 메모 해두고 다시 보았기 때문이지요.

과학자들이 말하기를 잠이 들기 직전이나, 목욕을 할 때, 화장실에서 일을 볼 때, 차를 타고 갈 때, 이럴 때 좋은 아이디어가 떠오를 확률이 높다고 해요. 그런데 이런 상황에서는 기억했던 것들을 금방 잘 잊어버린다고 해요.

항상 메모를 할 수 있는 종이와 필기구를 갖고 다니세요. 자신의 생각 중에 가장 반짝반짝 빛나는 아이디어들을 오랫동안 간직하려면 얼른 메모를 해야 해요. 그리고 그 메모들이 언젠가는 생각의 보물창고가 될 거예요.

생각의 지도 그리기

이번 장에서는 새로운 메모법에 대해 알아보기로 해요. '마인드 맵'이라고 불리는 방법이에요.

마인드(mind : 마음), 맵(map : 지도)은 말 그대로 마음속의 지도를 그리는 것이다.

우리의 뇌는 눈을 통해 가장 많은 정보를 얻어요. 더욱이 글씨보다는 그림을 보았을 더 많은 자극을 받지요. 그래서 기억을 높이는 방법 중에 기억하려는 것을 그림으로 바꾸는 방법을 연습했었지요. 이런 이유로 정보들을 지도로 그려 놓으면 이해하고 기억하기 쉽지요.

또 우리의 뇌가 생각이라는 것을 할 때는 쭉 뻗은 고속도로처럼 한 가지 길로만 가지 않아요. 마치 사방팔방으로 뻗어나가는 나뭇가지처럼 다양한 생각을 하지요. 그리고 다양한 생각을 하는 뇌가 훨씬 튼튼하고 똑똑하지요.

마인드 맵을 그리기 전에 준비물이 필요해요. 하얀 종이를 가로로 길게 놓으세요. 여러분이 좋아하는 필기구를 준비합니다. 여러 가지 색깔로 그리는 것이 훨씬 시각적으로 강한 자극을 주기 때문에 다양한 색깔을 쓰는 것이 좋아요. 또 글씨뿐 아니라 그림을 그려 놓는다면 더 좋은 마인드 맵이 될 거예요.

단군신화를 마인드 맵으로 그려보기로 해요. 종이 가운데 주제가 되는 단어인 '단군신화'를 씁니다. 나무의 가지가 뻗어가듯 주제 단어에서 나오는 가지를 그려줍니다. 가지 끝에는 주제와 관련

중요한 단어들을 적어 줍니다. 스스로 중요하다고 생각되는 단어의 개수만큼 가지를 단어를 적습니다. 꼭 몇 개라고 정해져 있지도 않고 또 사람마다 조금씩 다를 수 있으니 몇 개를 그리든지 자신의 생각대로 하면 됩니다.

'단군신화'에서 뻗어 나온 가지에 '환웅', '웅녀', '단군왕검', '고조선'을 씁니다.

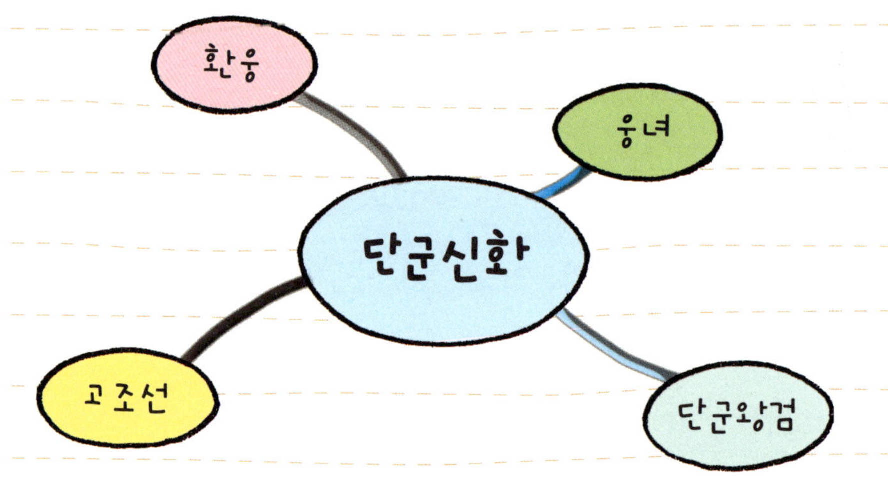

각각의 중요한 단어에서 가지를 그리고 관계된 단어들을 적어 넣습니다. '고조선'과 관계있는 단어들은 '단군왕검이 세운 우리 민족의 최초의 국가', '홍익인간', '평양 도읍'이 있어요.

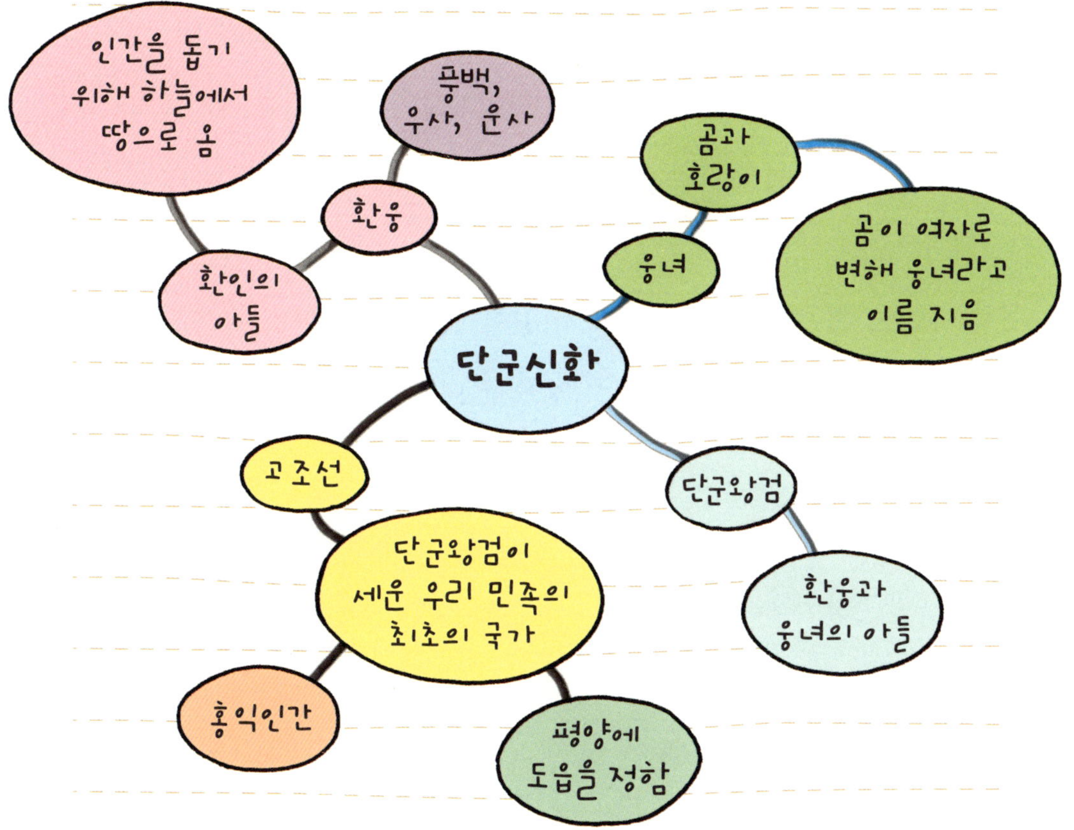

다음은 동철이가 단구신화에 대해 메모한 것이에요. 이 메모와 마인드맵 중 어느 것이 더 잘 보이나요.

환인의 아들 환웅 인간을 돕기 위해 땅으로 내려온다.

곰과 호랑이가 사람이 되고 싶어 하지만 곰만 웅녀가 된다.

웅녀와 환웅이 결혼 '단군왕검'을 낳았다.

‘단군왕검’은 우리 민족 최초의 나라인 고조선을 세우셨다.

‘널리 인간을 이롭게 한다.’는 홍익인간의 뜻을 가지고 나라를 다스린다.

마인드 맵이 한 눈에 알아보기 편할 거예요. 마인드 맵은 알아보기 편하다는 장점과 함께 계속 정보를 덧붙일 수 있다는 장점도 있어요.

예를 들면 ‘홍익인간’ 옆에 홍익인간의 뜻을 적어넣을 수도 있고, ‘단군왕검’ 옆에는 이름의 유래를 찾아 적을 수도 있지요. 또 ‘우리 민족의 최초의 나라’ 옆에는 우리 민족이 세운 나라들을 조사해 적어 넣을 수도 있어요.

마인드 맵은 공부하는데 아주 큰 도움이 줄 수 있는 메모 방법입니다. 몇 번 연습해보면 금방 익숙해 질 거예요. 꼭 공부하는데 이용해 보세요.

정리정돈을 잘하는 사람이 똑똑하다

"이게 방이니 돼지우리니? 저녁 먹을 때까지 방 청소 끝내!"

얼굴이 빨개지도록 소리를 지르는 엄마 앞에서는 그저 고개를 푹 숙이고 있는 것이 최고예요. 며칠 전부터 방 청소하라는 엄마의 말을 못 들은 척 했더니 더 이상 참지 못하고 엄마가 화를 내셨어요. 엄마는 영우를 째려보시고는 방문을 꽝 닫고 나가버리셨어요.

방바닥에는 읽다가 던져 놓은 만화책, 반쯤 뒤집어진 옷가지들, 영우가 좋아하는 캐릭터 카드들, 연필 지우개 풀 같은 학용품들,

과자 봉지, 쓰고 버린 휴지들이 정신없이 엉켜 있었어요. 책상 위도 방바닥과 별반 다르지 않았어요. 하지만 영우가 보기에는 좀 정신이 없긴 했지만 그런대로 볼만 했어요.

"그럭저럭 괜찮구만. 청소 해봤자 금방 더러워지는데 왜 힘들게 청소를 하냐구?"

영우가 방청소를 하지 않으면 엄마는 또 화를 내실 게 뻔해요.

"대충 하자! 대충해!"

영우는 책들은 책꽂이에 꽂고, 벗어 던진 옷은 한꺼번에 둘둘 말아서 서랍 안에 넣었어요. 그래도 방바닥에 널려있는 물건들은 발로 툭툭 차서 침대 밑으로 밀어 넣었어요. 다음은 책상 위를 치울 차례였어요. 서랍을 열고 책상 위에 있는 물건들은 몽땅 쓸어 담았어요. 그리고는 한 시간 뒤에 무척이나 힘든 표정으로 엄마에게 청소를 다 끝냈다고 말했어요.

다음 날 영우는 친구 민수와 자전거를 함께 타기로 했어요. 영우는 자전거를 잠가 두었기 때문에 열쇠를 찾아야 했어요. 며칠 전 자전거에 열쇠를 채운 뒤 분명 열쇠를 책상 위에 던졌어요.

영우는 책상 서랍을 열고 열쇠를 찾기 시작했어요. 잡동사리가 뒤죽박죽으로 섞인 서랍에서 열쇠를 찾기는 쉽지 않았어요. 그래

서 서랍을 확 뒤집었어요. 방 바닥이 난장판이 되었지만 열쇠는 보이지 않았어요. 영우는 이마에 땀이 맺혔어요.

"침대 밑으로 들어갔나?"

영우는 침대 밑을 들여다보았지만 그곳은 서랍속보다 더 엉망이었어요.

"열쇠를 못 찾으면 줄을 끊어야 하는데 엄마가 아시면 혼날 거야."

영우는 울상이 되었어요.

영우가 자전거 열쇠를 찾지 못하면 큰일이네요 영우 방을 제대로 정리정돈하고 청소한다면 열쇠를 찾을 수 있을 거예요. 하지만 방을 청소하려면 꽤 시간이 걸릴 거예요.

여러분도 어떤 물건을 제 자리에 두지 않아 찾지 못했던 경험이 있을 거예요. 반대로 방안을 청소하다가 잊어버렸다고 생각한 물건들을 찾은 경험도 있을 거예요. 청소를 잘하면 자신의 물건을 잘 간수할 수 있을 뿐 아니라 공부를 잘하는 사람이 될 수도 있어요.

정리 정돈이라는 말을 자주 쓰는데 정확한 뜻을 알고 있나요?

'정리 정돈'은 '정리와 정돈'을 합친 말입니다.

정리는 필요한 것과 필요 없는 것을 나누고, 필요한 것은 간직하고, 필요없는 것은 버리는 것을 말해요. 필요한 것들을 제자리에 가져다 놓는 일은 '정돈'이라고 해요.

정리 정돈이 왜 중요한지 이제부터 이야기 할게요.

앞에서 우리의 뇌는 주위 환경과 몸의 움직임에 영향을 받는다고 배웠어요. 집중력을 높이려면 먼저 주위가 깨끗하게 해야 해요. 그런데 주위가 정리 정돈이 안 되어있다면 집중할 수 없을 거예요.

이것저것 잡동사니들을 한꺼번에 쓸어 넣어버린 영우의 서랍을 떠올려보세요. 필요한 물건을 찾기도 힘들고 중요한 물건들을 보관할 수 있는 서랍도 없지요.

우리의 뇌는 필요한 정보들을 추려내는 정리를 하고, 그 정보들을 필요한 자리에 저장하는 정돈을 합니다. 우리가 평소 생활에서 정리정돈을 하지 않으면 뇌도 정보를 정리하고 정돈 하는 일에 잘 하지 못합니다.

잊지 마세요. 우리 뇌는 몸이 움직이는 대로 따라갑니다. 평소에 정리정돈을 하지 못해서 엉망이라면 아무리 열심히 공부해서 많은 정보를 머릿속에 넣는다 해도 필요한 곳에 잘 저장되지 않을 거예요.

동우는 1시간째 고민 중이예요. 엄마가 이번 중간고사에서 평균 90점이 넘으면 선물을 사주신다고 했지요. 평균 90점을 넘는다는 것은 정말 어려운 일이예요. 시험보기 2주일 전부터 하루도 빠지지 않고 문제집을 풀었어요. 토요일, 일요일에도 밖에 나가지 않고, 컴퓨터도 1시간 밖에 하지 않았지요. 정말 열심히 공부 했어요. 그래서 평균 90점을 넘었어요. 어찌나 기쁘던지 선생님이 성적표를 나눠주실 때 소리를 지를 뻔 했어요.

"평균 90점 넘었어!"

"엄마 아들 장하네. 그럼 약속대로 네가 가지고 싶은 거 하나 사 줄 테니 말해봐."

동우는 핸드폰도 가지고 싶고, 축구공도 사고 싶고, 새로운 나온 게임팩도 가지고 싶지요.

"왜 말을 안 해? 가지고 싶은 게 없는 거니?"

"엄마는 가지고 싶은 게 너무 많아서 탈이지!"

"그 많은 것 중에서 한 가지만 말해봐."

"새로 나온 게임팩이 가지고 싶은데…… 핸드폰 가진 애들 보면 부럽기도 하고……."

동우는 평소 핸드폰을 반대하는 엄마 눈치를 살폈어요.

"핸드폰? 그래 가끔 필요할 때도 있더라. 게임팩이든 핸드폰이든 오늘 안에 말해라."

동우는 엄마가 핸드폰을 반대하실 것이라고 생각했는데 사주시겠다고 하자 놀랐어요. 하지만 오늘 안으로 결정하라는 엄마의 말에 머릿속이 복잡해지기 시작했습니다.

'엄마가 사준다고 할 때 핸드폰을 살까? 학교에 못 가져가니 그렇게 자주 쓰지도 않을 것 같은데 그냥 새 게임팩을 사? 새 게임팩은 정수한테 빌 릴 수 있는데 정수는 쪼잔해서 잘 안 빌려 줄 거야.'

게임팩과 핸드폰 중에 어떤 것을 선택해야 할지 선뜻 결정할 수 없었어요. 공부할 때 보다 더 어렵다는 생각이 들었지요.

동우는 놀지도 못하고 열심히 공부해서 선물을 받게 되었어요. 행복한 일이지만 고민에 빠졌네요. 게임팩과 핸드폰, 어떤 것을 선택해야할지 결정을 못하고 있어요.

여러분도 무언가를 선택해야 할 때 망설였던 적이 있을 거예요. '어떤 것을 고를까요' 이렇게 노래를 부르면서 손가락으로 찍었던 적도 있고, '이게 더 좋아 보이니 이것으로 하자.'라고 겉모양만 보고 결정한 적도 있을 거예요. 중요하지 않은 일들은 이런 방법으로 결정한다고 해서 나쁠 건 없어요.

모든 선택을 간단한 방법으로 결정해 버릴 수는 없어요. 시험을 볼 때도 문제의 답이 2번인지 3번인지 망설여질 때는 몇 번을 쓸지 선택해야 합니다. 정말 한 순간의 선택이 시험 점수를 좌우해요. 그런데 어떤 때는 무엇을 선택하느냐에 따라 시험 점수보다 훨씬 더 중요한 일들이 벌여지기도 해요.

'순간의 선택이 평생을 좌우 한다.'

'인생은 선택의 연속이다.'

'한순간의 잘못된 판단은 한 사람의 인생을 망친다.'

이런 명언들이 있을 정도로 어떤 선택은 아주 중요해요. 어떤 것을 선택하느냐에 따라 한 사람의 인생이 바뀌기기도 하니까요.

또 우리는 생각하는 것보다 훨씬 많은 것들을 선택하고 있어요. '공부 할 것인지? 놀 것인지?', '국수를 먹을 것인지? 빵을 먹을 것인지?' '이 길로 갈지, 저쪽 길로 갈지?' '빨간 색으로 칠할지?

노란색으로 칠할지?'

　그렇다면 선택을 잘 하려면 어떻게 해야 할까요?

　결과를 알 수 있는 것을 선택할 때가 있어요. 엄마가 문제집을

풀라고 하셨는데 밖에 나가서 놀고 싶어요. 선택을 하기 전에 이미

결과를 알 수 있어요. 밖에 나가 놀면 재밌기는 하지만 엄마한테

야단맞을 거예요. 문제집을 푼다면 재미는 없겠지만 엄마한데 야

단맞지 않을 거예요. 이미 결과를 알 수 있기 때문에 무엇이 더 중

요한가에 따라 선택이 달라져요. 엄마한테 혼나는 것이 별로 무섭

지 않다면 나가서 놀면 돼요.

피자와 치킨 중에 하나를 선택한다면 자기가 좋아하는 것, 또는 그 날 먹고 싶은 것을 먹으면 됩니다.

동우처럼 ‘게임팩이냐? 핸드폰이냐?’의 문제는 결과는 알 수 있지만 판단이 쉽지 않지요. 이럴 때는 몇 가지 기준을 정하면 돼요. ‘평소에 더 가지고 싶었던 것이 무엇인지? 지금 필요한 것이 무엇인지? 지금 갖지 않으면 다시 기회가 오는지?’ 여러 가지 기준을 세우고 그에 맞는 것을 선택하면 되지요.

어떤 선택들은 결과가 어떻게 될지 모르는 경우가 있어요. 이럴 때는 결과를 미리 생각해야 해요.

두 개의 봉투가 있어요. 한 봉투에는 놀이공원 1년 자유 이용권이 들어있고, 다른 봉투에는 아무것도 들어있지 않아요. 두 봉투 중에 하나를 선택해서 가질 수 있지요. 하지만 봉투를 선택하지 않겠다면 놀이공원 1회 자유이용권을 받을 수 있어요.

❶ 마음 편하게 놀이공원 1회 자유이용권을 받을 수 있어요.

❷ 운이 좋으면 놀이공원 1년 자유이용권이 들어 있는 봉투를 뽑을 수 있지만

❸ 운이 나쁘면 빈 봉투를 뽑을 것이다.

❷의 결과가 나온다면 선택에 대해 후회할 일이 없어요. 가장 좋은 결과가 나왔으니까요. 하지만 ❸의 결과가 나오면 '그냥 ❶을 선택할걸'이라고 후회하지요. 나쁜 결과를 참을 수 없다면 안전하게 ❶을 선택하세요. 반대로 결과가 나빠도 괜찮다면 봉투 뽑기를 해도 좋을 거예요.

어떤 것을 선택할 때 여러 기준을 정하고, 결과도 미리 예상해 보면 좋은 선택을 하는데 도움이 되지요 하지만 선택이란 쉽지 않아요. 그래도 무턱대고 눈에 보이는 대로, 기분 내키는 대로, 또는 주위 사람들의 말을 따라 선택하지는 마세요. 선택을 할 때 여러 가지 기준들을 생각하고 결과에 따라 미리 생각해 보는 연습을 하면 정말 중요한 일들을 선택해야할 때 많은 도움을 받을 거예요.

오랫동안 집을 떠나 있던 아들이 돌아오자 어머니는 너무 기뻤
어요. 하지만 아들이 혹 혼자 있는 어머니를 걱정해서 공부도 마치
기 전에 돌아온 것이 아닌지 걱정이 앞섰지요.

"네가 진정 공부를 다 끝내고 집으로 돌아왔단 말이냐?"

어머니는 일부러 엄한 목소리로 물었어요.

"예, 어머니 이제 한석봉에게 뒤지지 않을 자신이 있습니다."

"그럼 난 떡을 썰 테니, 넌 글씨를 쓰거라. 누구의 솜씨가 더 나
은지 보자."

어머니는 썰 떡을 준비하고, 아들은 글씨 쓸 준비를 하고 앉았습니다.

"준비 되었느냐? 그럼 불을 끄겠다."

어머니는 '후~' 불어 호롱불을 꺼버렸어요. 방안은 어두웠고, 어머니가 떡을 써는 칼질 소리만 들렸어요.

"떡을 다 썰었으니 불을 켜겠다."

어머니가 다시 호롱불을 켰습니다. 어머니 앞에 놓인 도마에는 가지런히 예쁘게 썰어진 떡들이 놓여 있었습니다. 그런데 아들의 글씨를 본 어머니는 얼굴을 찌푸렸어요.

"아니 이게 무엇이냐?"

검은 먹물로 쓴 첫 번째 글자는 힘차 보였어요. 두 번째 글자는 모양은 첫 번째 글자처럼 힘찼지만 군데군데 검은 먹 선이 끊어져 있었어요. 세 번째 글자는 검은 먹 선이 띄엄띄엄 보일 뿐 무슨 글자인지 알아볼 수가 없었어요.

"처음에는 붓에 먹물을 이 충분히 묻어서 글자가 제대로 써겼습니다. 하지만 글자를 쓸 수록 붓에 먹물이 없어서 제대로 글자가 써지지 않습니다."

"어쨌든 내 떡 썰기 솜씨가 한 수 위구나."

아들은 억울하다는 듯이 말했어요.

"불을 끄니 어두워서 먹물이 어디 있는지 찾을 수가 없었습니다. 먹물을 묻힐 필요가 없는 붓이 있다면 제가 이겼을 겁니다."

새로운 생각 그러나 새롭지 않은 생각

먹을 갈아 먹물을 만들고, 붓으로 그 먹물을 찍어 가면 글씨를 쓰는 일을 번거롭지요. 하지만 글씨를 쓸 때마다 먹물에 붓을 찍지 않으면 글씨를 제대로 쓸 수 없어요. 연필이 없다면 우리도 붓으로 먹물을 찍어 가면 글씨를 쓰고 있을 거예요.

붓이 불편했던 누군가가 '먹물이 마르지 않는 붓이 있으면 글씨 쓰기가 훨씬 편할 거야.'라고 생각했어요. 그 생각이 연필, 볼펜, 싸인펜을 만들어 냈어요.

또 누군가는 '연필은 심이 닳을 때마다 칼로 깍아야해. 깍지 않아도 되는 연필은 없을까?'라고 생각했어요. 그래서 샤프를 만들었지요.

연필이나 샤프, 볼펜. 싸인펜에는 놀라운 창의력이 숨어 있지요. 연필이나 볼펜이 무슨 창의력이냐구요. 긴 막대에 흑연을 잉크를 넣겠다는 생각은 단순해 보이지만 누구나 할 수 있는 생각은 아니었어요.

반죽한 흙으로 그릇을 빚어 높은 온도에 구워내는 도자기는 중국에서 가장 먼저 만들었고, 또 오랫동안 세계 최고의 품질을 자랑했어요. 중국을 뜻하는 'china'에는 '도자기'라는 뜻이 있을 만큼 중국과 도자기는 하나입니다.

지금 우리가 사용하는 도자기 컵에는 손잡이가 있어 잡기 편하

고, 뜨거운 음료를 담아 컵이 뜨거워져도 편하게 들 수 있어요. 컵
에 손잡이를 단 사람은 세계 최고의 도자기를 자랑하는 중국인들
이 아니에요. 오랫동안 중국에서 만든 도자기를 사용해하던 유럽
인들이 컵에 손잡이를 달았어요. 컵에 손잡이를 붙이는 것이 간단
해 보이지만 오랜 시간 동안 아무도 만들지 못했지요.

　창의력을 발휘해서 무언가를 새로운 것을 만들어 내는 일은 어
려워요. 그러나 때로는 너무 단순한 곳에 창의력이 숨어있기도 하
지요.

창의력의 시작

　다른 사람들이 생각하지 못한 것을 생각하고, 만들어내는 것을
'창의력'이라고 하는데 창의력에도 단계가 있어요.

　창의력의 첫 번째 단계는 문제를 해결할 새로운 해결 방법을 찾
아내는 거예요. 두 번째 단계는 이전의 방법보다 훨씬 좋은 방법
을 찾아내는 것이지요. 마지막으로 가장 높은 단계의 창의력은 새
로운 문제를 찾아내고, 그 문제에 대한 해결방법까지 제시하는 거

예요.

　손잡이가 없는 컵이 뜨거워 잡을 수가 없어요. 어떻게 할까요?

　'장갑을 끼고 컵을 잡는다, 빨대를 꽂아 빨아 마신다.' 이런 대답을 했다면 문제를 해결하기 위해 새로운 방법을 찾았으니 창의력의 가능성이 보여요.

　'컵을 만들 때부터 손잡이를 단다.' 이 방법은 장갑을 끼거나 빨대를 사용하는 것보다 간단하고 편리한 방법이지요. 이 정도의 창의력이라면 아주 훌륭하지요.

　그런데 가장 중요한 것은 처음 시작이지요. 뜨거운 컵을 잡을 수 없을 때 '뜨거운 음료를 담으면 컵이 뜨거워지는 건 당연해. 그게 무슨 문제야?'라고 생각했다면 손잡이가 달린 컵은 결코 만들어지지 않았을 거예요.

　가장 뛰어난 창의력은 '이제까지 당연한 것이다. 한 가지 방법밖에 없다'고 생각하는 것을, 다르게 생각해보는 것입니다. 새로운 문제를 찾아내는 것이 창의력의 시작이라면 문제를 해결하기 위해 끊임없이 새로운 방법을 찾으려고 노력하는 것이 창의력을 완성하는 힘이지요.

바구니 대신 뭐가 있나?

병에 걸린 왕비님을 위해 신비의 알을 구해오는 자에게는 금화 100닢을 버릴 것이다.

신비의 알이란 왕궁 뒤 산에 살고 있는 새가 낳은 알을 말해요. 이 알에는 그 어떤 병도 낫게 하는 힘이 있다고 전해져요. 하지만 사람들은 새를 두려워해서 선뜻 나서지 않았어요.

그때 두 젊은이가 왕궁으로 찾아왔어요.

"용기 있는 젊은이들이구나. 새를 두려워 할 필요 없다. 사람들

이 새를 해치거나 새 알을 훔칠까봐 새가 사납다고 헛소문을 낸 것
이다. 지금은 왕비님께서 아프시니 새알이 필요하다. 새가 열개의
알을 낳았을 것이니 모두 가져오너라, 낮에는 햇볕이 뜨거우니,
자 이 모자들을 쓰고 가거라. ”

두 젊은이는 바구니를 하나씩 들고 산을 올랐어요. 산은 생각보
다 험난하지 않았어요. 곧 새 둥지가 있는 나무에 도착한 젊은이들
은 가위 바위 보를 해 이긴 사람이 나무에 올라가 알을 꺼내기로
했어요. 먼저 이긴 젊은이가 나무에 오르기 시작했지요.

“여기까지 같이 왔는데 내가 알을 꺼내게 돼서 미안하네. ”

“아니네. 어려운 일도 아니였으니 집에 돌아갈 때 맛있는 저녁
이나 사게나. ”

그때 나무를 오르던 젊은이가 그만 바구니를 떨어뜨렸어요. 땅
에 떨어진 바구니는 붙잡을 새도 없이 또르르 굴러 낭떠러지로 떨
어져 버렸어요. 할 수 없이 다음 젊은이가 나무를 오르기 시작했어
요.

“내가 올라가서 새알을 바구니에 담아오겠네. 대신 상금을 반반
씩 나누기로 하세. ”

하지만 어찌된 일인지 이번에도 바구니를 떨어뜨렸어요. 바구니

는 또 다시 또르르 굴러 낭떠러지로 떨어졌어요.

"새알을 담을 바구니도 없으니 난 그만 포기하고 돌아가겠네."

먼저 나무에 올라갔던 젊은이는 그대로 산을 내려가 버렸어요.

하지만 두 번째로 나무에 오르던 젊은이는 잠시 고민하더니 계속 새 둥지가 있는 곳으로 기어 올라갔어요. 그리고는 열 개의 새 알을 꺼내서 왕궁까지 가져 왔지요. 젊은이는 약속대로 금화 100 닢을 받아 집으로 돌아갔답니다.

두 번째로 나무에 오른 젊은이는 바구니를 잊어버렸는데 어떻게 새알을 들고 왕궁까지 왔을까요? 새알이 하나나 두 개였다면 손에 들거나 주머니에 넣어올 수 있었겠지요. 하지만 젊은이가 왕궁까지 가져온 새알은 모두 열 개였어요.

자, 어떤 방법으로 새알을 깨뜨리지 않고 들고 왔을지 생각 해 보세요.

새알은 깨지기 쉽기 때문에 어딘가에 담아서 조심스럽게 운반해야 해요. 젊은이는 새알을 어디에다 담았을까요? 젊은이가 가지고 있던 무언가에 새알을 담은 것이 분명해요. 눈치 챘나요?

예, 바로 젊은이가 쓰고 있던 모자에 새알을 담아서 왕궁까지 들고 왔지요. 첫 번째로 나무에 올라간 젊은이는 바구니를 잊어버리자 포기해 버렸어요. 두 번째로 나무에 오른 젊은이도 모자는 항상 머리에 쓰는 것이라고만 생각했다면 새알을 왕궁으로 가져오지 못했을 거예요. 그런데 두 번째로 나무에 오른 젊은이는 모자를 엎으면 바구니처럼 뭔가를 담을 수 있다는 사실을 알아챘어요.

평소 바구니와 모자는 비슷한 점이 없었어요. 쓰임새나 만들어진 재료가 너무나 다르니까요. 하지만 모자를 엎으면 바구니와 비슷한 용도로 사용할 수 있어요.

두 번째로 나무에 오른 젊은이가 문제를 해결하고 성공할 수 있었던 이유는 서로 관계없는 것처럼 보이는 두 물건의 비슷한 특징

을 찾아냈기 때문이에요. 이처럼 우리가 어떤 문제를 해결하거나,
공부를 할 때 문제들의 공통된 특징을 찾아내면 문제를 쉽게 풀 수
있지요.

응용하라! 그럼 해결될 것이다

케이크를 예로 들어볼까요? 제과점에 가면 가지각색의 맛과 모
양, 색깔을 뽐내는 케익들이 쭉 늘어서 있어요. 그런데 제빵사들은
이런 다양한 케이크를 어떻게 만들까요? 케이크마다 만드는 방법
이 다를까요? 아니에요. 케이크를 만드는 방법은 비슷합니다.

먼저 밀가루에 달걀, 버터, 설탕, 우유, 빵을 부풀리기 위한 효
모 등을 넣어 반죽해요. 반죽을 오븐에 구워서 빵을 만들지요. 빵
을 둥근 모양, 네모 모양, 하트 모양 등으로 자르고 준비한 크림을
발라 케이크를 완성하지요.

반죽에 코코아 가루를 넣으면 초코릿 케이크, 고구마를 많이 넣
으면 고구마 케이크, 녹차 가루를 넣으면 녹차 케이크가 되지요.
빵에 바르는 크림에 어떤 것을 넣느냐에 따라 맛과 색깔이 달라집

니다. 케이크를 만드는 기본 방법은 변하지 않아요. 거기에 제빵사가 어떤 것을 넣느냐에 따라 다른 케이크가 되지요.

노릇하게 잘 구워진 삼겹살을 먹기 좋은 크기로 자를 때 어떻게 하나요? 칼과 도마를 가져다 놓고 자르나요? 가위로 싹뚝싹뚝 자릅니다. 가위는 천이나 종이를 자르는 도구지만 음식을 자를 때도 이용하고 있어요. 가위의 자른다는 특징을 응용해서 문제를 해결했어요.

시험문제도 마찬가지입니다.

문제집이나 시험에 나오는 문제들은 전부 다르게 보이지요. 하지만 문제들을 잘 살펴보면 공통된 특징을 가지고 있고, 공통된 특징을 가진 문제들은 푸는 방법도 비슷합니다.

어떤 문제집에는 '시험에 잘나오는 문제 유형, 꼭 알아야 하는 유형별 문제'라고 표시된 문제들이 있어요. 여기서 '유형'이란 시험에 잘 나오는 문제들의 특징을 뽑아 놓은 것들이지요. 이런 문제들을 잘 푼다면 비슷한 특징을 가진 문제들이 나오면 푸는 방법을 응용해서 풀면 됩니다.

무를 잘 썰면 두부도 잘 썬다

학문이나 기술이 남 달리 뛰어난 사람을 달인이라도 하지요. 달인만을 소개하는 텔레비전 프로그램도 있어요. 봉투를 붙이고, 물건을 나르고, 차를 주차시키고, 요리를 만들고, 칼이나 가위를 가지고 옷감을 잘라내고, 상자에 물건을 빨리 담고…… 달인으로 소개된 사람들은 다른 사람들 보다 훨씬 빠르고 정확하게 맡은 일을 해냅니다.

달인들은 보통 10년이나 20년 이상 같은 일을 해오시던 분들이지요. 또 불가능해 보이는 미션도 척척 성공합니다.

생선회 밑에 까는 무채를 10년 동안 썰었던 달인은 기계보다 더 얇고 정확한 무채를 썰지요. 두부를 내밀자 달인은 두부도 무채처럼 얇고 일정하게 썰어냅니다. 두부는 큼직큼직하게 썰어도 잘 부서집니다. 날마다 음식을 만드는 엄마들도 두부를 채 써는 것은 쉽지 않지요.

어려운 미션을 성공할 수 있는 것은 달인이기 때문입니다. 한 가지를 아주 잘하면 비슷한 일을 할 때 훨씬 수월하게 빨리할 수 있어요.

롤러브레이드를 잘 타는 친구가 있어요. 마치 롤러브레이드가 자기 발인 것처럼 자유자재로 타지요. 이 친구가 스케이트를 신고 얼음판에 섰다면 어떨까요? 처음에는 좀 넘어지고 비틀거리겠지만 금방 중심을 잡고 스케이트를 타기 시작할거에요. 몸의 중심을 잡는 방법을 알고 있기 때문에 얼음판 위에서도 금방 중심을 잡고 스케이트에 익숙해지지요.

그런데 이제 막 롤러브레이드를 타기 시작해서 간신히 설 수 있는 정도의 실력인 친구가 있어요. 이 친구도 스케이트를 신고 얼음판 위에 섰다면 어떨까요? 롤러브레이드를 잘 타는 친구만큼 스케이트를 빨리 배울 수 있을까요? 분명 롤러브레이드도 간신히 타는 친구는 스케이트도 한참 배워야 탈 수 있어요.

반올림이 없는 더하기만 잘하는 친구와 반올림이 있는 더하기까지 잘하는 친구가 있어요. 두 사람 중에 누가 더 더하기를 잘할까요? 반올림이 있는 더하기까지 잘하는 친구가 더하기를 더 잘할거에요.

우리는 이것저것 많이 아는 사람을 똑똑하다고, 머리가 좋다고 말하지요. 하지만 뇌를 연구하는 학자들은 우리 뇌를 똑똑하게 만들려면 하나라도 깊이 아는 것이 더 좋은 방법이라고 말해요, 우리 뇌는 한 가지에 대해 깊이 이해했다면 새로운 것을 공부할 때 빨리 깊게 받아들이기 때문이지요.

어떤 것에 대해 많이 공부하고 이해해서 '박사님 같아.'라는 말을 듣는다는 것은 쉽지 않아오. 많은 시간과 노력이 필요해요. 그래서 포기하지 않고 할 수 있는 일을 찾아야 해요. 먼저 관심 있는 것, 오랫동안 해도 지겹지 않은 것, 좋아하는 것, 정말 해보고 싶은 것이 무엇인지 생각해 보세요.

'난 동굴이 너무 좋아 동굴에 대해 알고 싶어.' 이렇게 '동굴 박사'가 되기로 결정했다면 동굴에 대한 모든 정보를 모으는 거예요. 도서관이나 서점에 가면 동굴에 대한 책들이 많이 있어요. 동굴이 어떻게 만들어졌는지? 동굴의 내부는 어떤지? 동굴에는 어떤 동물들이 사는지? 우리나라에는 어떤 동굴이 있는지? 세계적으로 이름

난 동굴은 어딘지? 직접 찾아가 볼만한 동굴은 어디가 좋은지?

　동굴에 대한 어떤 책이라도 좋으니 읽어보세요. 여러 권의 책들을 읽다보면 이미 알고 있는 내용도 있고, 새롭게 알게 되는 내용도 있을 거예요. 또 책마다 조금씩 다른 내용도 있어요. 다른 점이 있다면 잡지도 찾아보고, 인터넷 검색도 해서 어떤 책이 맞는지 찾아보는 거예요. 또 요즘은 동굴에 대한 텔레비전 프로그램도 많으니까 찾아보는 것도 좋아요. 직접 동굴 견학을 해서 공부한 것들이 사실인지 확인하는 것도 좋아요.

　공부하는 틈틈이 동굴에 대해 알게 된 것들을 가족들이나 친구들에게 이야기 해주세요. 정말 동굴 박사가 된 마음으로 이야기 해보세요. 박사님이 이야기 하는 동안 공부한 내용을 기억해 볼 수도 있고, 질문을 받으면 조금 더 공부해야할 부분을 찾을 수도 있어요. 이렇게 하다보면 나도 모르게 동굴 박사에 되어 있을 거예요.

책 읽기 전 준비 운동

엄마가 오랜만에 외출하셨어요. 동생이란 간식으로 피자를 시켜 먹기로 했어요. 자 어떤 피자를 주문할까요?

'골드포테이토피자, 골드스파이스 치킨피자, 볼케이노핫치킨피자, 콤비네이션피자, 하와이안피자' 다섯 가지 피자 중에 하나를 고를 거예요.

"난 야채 없는 피자."

"다 같은 피자인데 아무거나 먹어."

"싫어! 나는 야채 많이 들어있는 피자는 싫단 말이야."

146

야채를 싫어하는 동생이 트집을 잡네요. 어떤 피자에 야채가 적게 들어있을까요?

"이름만 가지고는 야채가 얼마나 들어가는지 모른단 말이야."

동생에게 짜증을 부렸어요. 하지만 동생은 물러서지 않고 메뉴판을 자기 앞으로 끌어 갔어요.

"여기 피자에 들어가는 재료가 써 있잖아. 골드포테이토피자는 고구마와 감자가 들어가고, 골드스파이스 치킨피자는 고구마, 치

즈, 매운 닭이 들어가네. 볼케이노핫치킨피자는 아주 매운 닭이 들어가서 맵데. 콤비네이션은 여러 가지 야채가 왕창! 싫어. 하와이안피자는 치즈와 파인애플이 많이 들어간데. 이렇게 읽어보면 금방 알 수 있잖아. 음~ 근데 다 야채가 들어가네……."

"나 배고파 빨리 시켜."

가끔 이름만 봐서는 알듯 모를 듯한 음식들이 있어요. 친절하게 음식에 들어가는 재료들을 가르쳐주면 어떤 맛일지 미리 생각해 볼 수 있어요. 또 싫어하는 것은 피하고 좋아하는 음식을 찾아 먹을 수 있어요. 이렇게 어떤 일을 할 때 정보가 있으면 쉽게 할 수 있고, 실패를 줄일 수 있어요.

책을 읽을 때도 마찬가지예요. 책에 대한 정보가 있으면 훨씬 책 읽기가 쉽지요.

이해력을 높이는 가장 좋은 방법은 책 읽기에요.

책을 읽는데도 여러 방법이 있어요. 소리내서 읽는 법, 소리를 내지 않고 속으로 읽는 법, 천천히 꼼꼼하게 읽는 법, 빨리 읽는 법…….

하지만 어떤 방법은 좋고 어떤 방법은 나쁘다고 말할 수는 없어요. 그보다는 책을 읽고 얼마만큼 이해했는지가 더 중요해요.

책을 잘 이해하려면 준비가 필요해요. 음식의 재료를 보고 맛을 미리 짐작하는 것처럼 책에 대한 정보를 가지고 읽으면 훨씬 잘 이해 할 수 있어요. 읽을 책의 정보는 어떻게 얻을 까요?

먼저 제목을 보면 어떤 책인가를 알 수 있어요. 그래서 책을 고를 때도 대부분 제목을 보지요.

'세상을 바꾼 위인들, 21세기와 로봇, 임진왜란, 재밌는 바다 속 이야기, 생활 속의 법, 김정호와 대동여지도. 사랑으로 키우는 강아지. 쏙쏙 술술 수학 만화'

어때요 제목만 보고도 관심이 가는 책과 그렇지 않은 책으로 나눠지지요.

다음은 책의 목차나 차례를 살펴봅니다. 책의 제목이 피자의 이름과 같다면 차례나 목차는 피자 속에 들어있는 재료라고 할 수 있어요.

[책속으로 떠나는 동굴 탐험]이라는 책이 있어요. 제목을 보니 동굴에 대한 책인 것을 알 수 있어요. 다음은 이 책의 목차입니다.

목차를 보면 이 책을 읽고 어떤 것들을 배울지 미리 알 수 있어요.

1. 우리 나라의 동굴들

　　읽을 책에 대한 정보를 모으고 준비가 끝나면 열심히 읽으면 됩니다. 이렇게 책을 읽으면 처음에는 시간이 조금 더 걸리지도 몰라요. 하지만 연습을 하다보면 책의 내용이 쉽게 이해되고 머릿속에 쏙쏙 들어올 거예요. 특히 책의 중심 내용이나 핵심을 찾아내는데 많은 도움을 받을 수 있어요.

책 읽기의 다섯 단계

책을 무턱대고 쭉 읽다보면 이해가 잘 되지도 않고, 중요한 핵심이 무엇인지도 찾기 어려울 때가 있어요. 다음 같은 다섯 단계로 책을 읽으면 이해하는데 많은 도움이 됩니다. 1, 2단계에서는 책을 읽기 전에 책의 전체 내용을 미리 한번 살피고, 3, 4단계에서는 꼼꼼히 읽으면서 내용이나 주제, 핵심 등을 찾아내고, 5단계에서는 전체 책의 내용을 정리해요.

■ 1단계 : 훑어보기(Survey)

말 그대로 무엇에 대한 책인지 알아보는 단계예요. 대부분 책의 제목만 보면 알 수 있어요. 대부분 목차나 차례는 읽지 않고 넘겨버리지만 목차나 차례는 이 책에서 말하는 내용을 한 줄로 요약해서 적어 놓는 경우가 많아요. 목차나 차례를 꼭 읽으면서 책의 내용을 미리 생각해 보세요.

■ 2단계 : 질문(Question)

목차나 차례를 보면서 질문을 해보는 거예요. 이미 알고 있는 것인지, 새로운 이야기 인지, 혹시 궁금한 점은 없는지, 이 책의 결론은 무엇인지 질문을 해보는 거예요.

■ 3단계 : 읽기(Read)

앞에서 했던 생삭들을 기억하면서 글을 자세히 읽기 시작하는 거예요. 전문 용어나 어려운 단어들은 따로 메모하면서 읽으면 더 좋아요.

■ 4단계 : 되새기기(Recite)

다시 한 번 읽어봅니다. 이때는 글의 내용도 요약해보고, 주제도 생각해보고, 내 생각이나 느낌도 따로 적어보세요.

■ 5단계 : 검토하기(Review)

지금까지 읽은 내용을 살펴보고, 어려웠던 부분들은 다시 한번 읽으면서 책의 내용을 정리합니다.

154

뜻이 달라지는 속담 한 마디

옛날 어느 마을에 부지런한 농부가 살고 있었어요. 이 농부는 열심히 농사를 지어 황소 한 마리를 샀어요. 농부는 너무 기뻐 온갖 정성을 다해 황소를 키웠어요. 그런데 얼마안가 농부가 그만 큰 병이 들어 눕고 말았어요.

"애야 이제 내가 살날이 얼마 남지 않은 것 같구나. 어머니 모시고 잘 살거라. 그리고 마지막으로 이 말은 꼭 잊지 말아라. '소 잃고 외양간 고친다.'"

농부가 그 말을 남기고 숨을 거두자 아들은 슬피 울며 아버지의 장례를 치렀지요. 그리고는 '소 잃고 외양간 고친다.'라는 아버지의 마지막 말을 크게 써서 떡하니 벽에 걸어두고는 집안의 가훈으로 삼았어요.

아들도 아버지 닮아 부지런히 농사를 지으며 살았어요. 그러던 어느 날 세월이 흘러 외양간 문이 떨어졌어요. 그런데 웬일인지 아들은 외양간 문을 고칠 생각을 하지 않았지요. 마침 외양간 문이 없는 것을 본 소도둑이 아버지가 애지중지하던 황소를 끌고 가버렸습니다

"아이고, 이를 어쩌면 좋아! 황소를 도둑맞았으니 이를 어쩌면 좋아!"

어머니는 땅을 치며 울었지만 아들은 아무렇지도 않은 듯 외양
간 문을 고치지 시작했습니다.

"이 녀석아, 이미 소는 잃어버렸는데 이제 와서 외양간을 고치
면 뭐하누?"

어머니가 아들을 타박하자 아들은 당당하게 대답했어요.

"어머니, 아버지가 돌아가시기 전에 뭐라고 하셨어요? 우리 집
가훈으로 저기 써 붙였잖아요. '소 잃고 외양간 고친다.' 소를 잃
어버렸으니 이제 외양간 문을 고쳐야지요."

정말 어처구니없는 아들이지요. 아들은 '소 잃고 외양간 고친
다'는 말을 '소를 잃은 다음에 외양간을 고쳐야한다'라고 이해했
던 것이지요. 문장으로만 본다면 아들이 말이 틀리지 않아요. 하지
만 아들이 '소 잃고 외양간 고친다.'란 말을 한 번만 더 깊게 생각
했더라면, 황소를 잃어버리지 않았을 거예요.

한번만 더 생각했더라면 소를 잃고 외양간을 고쳐봐야 아무 소

용이 없다는 것 금방 알 수 있었을 거예요. 아버지가 하신 말의 속뜻은 '소를 잃어버린 뒤에는 외양간을 고쳐봐야 아무 소용없으니 미리미리 대비를 하라'였다는 것을 알았을 거예요.

공부를 잘하려면 단어의 뜻부터 정확히 알아야한다고 했지요. 단어의 정확한 뜻을 알았다면 다음은 문장의 숨은 뜻까지 알아낼 수 있어야 해요. 그래야 공부한 내용들을 정확히 이해할 수 있어요.

방에서 친구랑 둘이 놀고 있는데 방귀 냄새가 나는 거예요.

"너 방귀 꿨지?"

"아니야."

"그럼 이 냄새는 뭐야?"

"난 아니라니까 왜 그래!"

"아니 땐 굴뚝에 연기 날까?"

'아니 땐 굴뚝에 연기 날까?'란 문장에는 여러 가지 뜻이 숨어

있어요.

　첫 번째 '아니 땐 굴뚝에 연기 날까?'를 문장 그대로 보면 '불을 피지 않아도 굴뚝에 연기가 날까?' 하고 물어보는 것입니다.

　두 번째 위와 같은 상황에서는 '아니 땐 굴뚝에 연기 날까?'란 말은 방귀를 뀌지 않았다고 발뺌하는 친구에게 '불을 펴야 굴뚝에 연기 나는 것처럼, 네가 방귀를 뀠으니까 냄새난다.'라고 말하는 것이지요.

　세 번째 또 다른 뜻으로 쓰일 수도 있어요. 엘리베이터를 탔는데 방귀 냄새가 심하게 나는 거예요. 다음 층에서 엘리베이터에 탄 사람이 코를 막으면서 나를 힐끔힐끔 쳐다보는 거예요.

　'제가 방귀 뀐 거 아닌데요.'라고 말할 수도 없고, 속으로 '아니 땐 굴뚝에 연기가 난다.'라고 생각하고는 한숨을 쉴 밖에요.

　이때 '아니 땐 굴뚝에 연기 난다.'란 말은 '불을 피우지 않아도 굴뚝에 연기가 나는구나. 방귀 뀌지도 않았는데 졸지에 방귀장이가 됐다.'는 뜻이 되지요.

　이처럼 같은 문장이라도 뜻이 달라지지요. 문장의 정확한 뜻과 그 안에 담겨진 속뜻까지 이해하려면 많은 노력과 시간을 필요해요. 하지만 이해력이 좋으면 공부를 잘 할 수 있으니 어렵더라도 이해력을 기르기 위해 노력해야 해요.

　이해력을 기르는데 가장 좋은 방법은 독서입니다.

　책을 읽으면서 '누가, 언제, 어디서, 왜, 무엇을 어떻게 했는지', '등장인물들이 왜 그런 말과 행동을 하는지', '등장인물들의 행동으로 어떤 결과가 생기는지' 등을 생각해보세요. 이런 생각을 하며 책을 읽으면 이해력을 높이는데 많은 도움이 된답니다.